May | Literarische Grundbegriffe

Kompaktwissen XL

Yomb May

Literarische Grundbegriffe

Reclam

Erweiterte und aktualisierte Ausgabe 2021

Kompaktwissen XL | Nr. 15243
2012, 2021 Philipp Reclam jun. Verlag GmbH,
Siemensstraße 32, 71254 Ditzingen
info@reclam.de
Druck und Bindung: Esser printSolutions GmbH,
Untere Sonnenstraße 5, 84030 Ergolding
Printed in Germany 2025
RECLAM ist eine eingetragene Marke
der Philipp Reclam jun. GmbH & Co. KG, Stuttgart
ISBN 978-3-15-015243-0
reclam.de

Inhalt

Vorwort

Zum Kernbereich des Unterrichtsfaches Deutsch gehört die Beschäftigung mit Literatur. Unerlässlich für den Umgang mit literarischen Texten ist daher die sichere Kenntnis und Anwendung der einschlägigen literaturwissenschaftlichen Grundbegriffe. Denn hieraus bildet sich das Fundament, auf dem gründliches Textverstehen, fundierte Textanalyse und Interpretation dauerhaft vollzogen und mit der gewünschten Eindeutigkeit kommuniziert werden können.

Ziel des vorliegenden Lexikons ist es, Schülerinnen und Schüler zuverlässig und praxisorientiert mit dem begrifflichen Instrumentarium der Literaturwissenschaft vertraut zu machen. Anschaulich erklärt werden in mehr als 500 knappen und allgemeinverständlichen Definitionen wichtige Grundbegriffe und Fachausdrücke, mit denen Lernende am häufigsten zu tun haben und die sie deshalb gut beherrschen sollten. Dadurch lässt sich eine wichtige Prüfungsanforderung leicht erfüllen, die Fähigkeit nämlich, die literarischen Gattungen Epik, Lyrik und Dramatik sowie Sachtexte in ihren wesentlichen Dimensionen und gattungsspezifischen Besonderheiten präzise zu erfassen und treffend zu beschreiben.

Von ebenso zentraler Bedeutung ist zeit- und literaturgeschichtliches Hintergrundwissen. Dieses ermöglicht sowohl adäquates Verstehen von einzelnen Werken in ihren jeweiligen gesellschaftlich-historischen Zusammenhängen als auch ihre genaue Einordnung in die richtige Literaturepoche oder literarische Strömung. Aus diesem Grund bietet das vorliegende Buch eine Kompaktdarstellung der in der Schule behandelten Epochen und Strömungen der deutschen Literaturgeschichte. Im Mittelpunkt stehen dabei epochenspezifische Grundzüge und ästhetische Leitideen sowie häufig wiederkehrende Themenkreise und Motive. Auf ausgewählte repräsentative Autoren und Werke der jeweiligen Epoche wird ausdrücklich hingewiesen. Wo es sinnvoll und möglich ist, rundet ein kurzes Textbeispiel, das zugleich Leseanreiz ist und Einblick in die zeittypische Denk- und Schreibweise vermittelt, einen Epochenüberblick ab.

Auch in den Artikeln über literarische Gattungen und Erzähltechniken sowie über sprachliche Darstellungsmittel dienen zahlreiche, sorgfältig ausgewählte Beispiele aus klassischen Schullektüren der praxisnahen Veranschaulichung. Alle Beispiele stehen in einem grau hinterlegten Feld. Auf diese Weise verschaffen sich Schülerinnen und Schüler genaue Einsichten in das Wesen, die grundlegenden Form- und Gestaltungsprinzipien verschiedener Textarten sowie in die Funktionsweise von rhetorischen Figuren als Interpretationshilfe. Diese Basiskompetenz ist Voraussetzung für die sachlich fundierte, fachsprachlich angemessene und ausdifferenzierte Textarbeit im Fach Deutsch in allen Jahrgangsstufen, aber ebenso für den Literaturunterricht in allen Fremdsprachen.

In die Stichwortliste aufgenommen wurden deshalb v. a. solche Begriffe, die den Lehrplänen und Richtlinien der Bundesländer entsprechen und die somit von besonderer Bedeutung für den Literaturunterricht sind. Die Begriffserklärungen und Beispiele konzentrieren sich daher auf das unterrichts- und prüfungsrelevante Standardwissen. Durch Querverweise (➤) gewinnt der Benutzer schnellen Einblick in die begriffliche Vernetztheit der wichtigsten literarischen Phänomene.

Abkürzungsverzeichnis und Zeichenerklärung

ahd.	althochdeutsch
bes.	besonders
dt.	deutsch
engl.	englisch
frz.	französisch
Ggs.	Gegensatz
griech.	griechisch
Jh.	Jahrhundert
i. d. R.	in der Regel
ital.	italienisch
jap.	japanisch
lat.	lateinisch
mhd.	mittelhochdeutsch
port.	portugiesisch
span.	spanisch
u. a.	und andere
vgl.	vergleiche
vs.	versus
z. B.	zum Beispiel

➤	siehe auch
È	metrisches Zeichen für eine Senkung (unbetonte Silbe)
–	metrisches Zeichen für eine Hebung (betonte Silbe)
//	metrisches Zeichen für eine Zäsur (Einschnitt im Vers)
a, b, c usw.	Zeichen für einander entsprechende Verse im Reimschema

A

Absolute Dichtung (lat. *absolutus* ›losgelöst‹): Bezeichnung für literarische Werke der ➤ Prosa und ➤ Lyrik, die frei von konkreten Wirklichkeitsbezügen gestaltet sind. Ihr Ziel ist ›*l'art pour l'art*‹, d. h. Kunst um ihrer selbst willen. Durch die Behandlung der reinen Schönheit der Sprache, des Klangs und des ➤ Rhythmus wird der Absolutheitsanspruch der Kunst hervorgehoben. Die a. D. kommt vor allem in den literarischen Strömungen des ➤ Fin de Siècle, der ➤ Décadence und des ➤ Symbolismus vor.

Weisse schwalben sah ich fliegen •
Schwalben schnee- und silberweiss •
Sah sie sich im winde wiegen •
In dem winde hell und heiss.
(Stefan George, *Vogelschau*, 1892)

Absurdes Theater (lat. *absurdus* ›widersinnig‹): Dramenformen bes. der 50er und 60er Jahre des 20. Jh.s, die sich durch die Abkehr von ➤ aristotelischen und ➤ epischen Dramen sowie den Protest gegen die bürgerliche Scheinsicherheit auszeichnen. Bevorzugte Themen sind die Sinnlosigkeit und Entfremdung des Menschen in der modernen Gesellschaft. Dies spiegelt sich oft in der widersinnigen ➤ Handlung, in der chaotischen Komposition und der inhaltsleeren Sprache der betreffenden Werke wider.

Samuel Beckett, *Warten auf Godot* (1953);
Alfred Jarry, *König Ubu* (1896);
Wolfgang Hildesheimer, *Die Verspätung* (1961).

Adaption/Adaptation (lat. *adaptare* ›anpassen‹): Veränderung und Anpassung der ursprünglichen Form eines künstlerischen Werkes in einer anderen ➤ Gattung oder in einem anderen Medium. Jede A. ist eine ➤ Interpretation der Vorlage und ihre mediale Transformation. Die häufigste (aber nicht die einzige) Form der A. ist die ➤ Literaturverfilmung.

Akkumulation (lat. *accumulatio* ›Anhäufung‹): Form der Worthäufung, die durch die ➤ Aufzählung mehrerer Unterbegriffe eines Oberbegriffs entsteht. Die A. wird oft zur Intensivierung einer Aussage durch mehrere Einzelempfindungen gebraucht.

> Nenn's Glück! Herz! Liebe! Gott!
> (Johann Wolfgang Goethe, *Faust I*, 1808)

> Hat er mir Frösch gefangen? Hat er Laich? Keinen Süßwasserpolyp? Keine Hydra? Vestillen? Cristatellen?
> (Georg Büchner, *Woyzeck*, 1836/37)

Akrostichon (griech. *akros* ›Spitze‹, *stichos* ›Vers‹, Pl.: Akrosticha): Wörter, Namen oder Sätze, die sich aus den Anfangsbuchstaben bzw. -wörtern der Verse oder Strophen eines Lieds oder Gedichts ergeben. Vor allem im ➤ Barock ein beliebtes Stilmittel.

> Die Strophenanfänge von *Befiehl du deine Wege* (1653) von Paul Gerhardt ergeben den Satz aus Psalm 37,5: »Befiehl dem Herren dein' Weg und hoff auf ihn, er wird's wohl machen«.

Akt (lat. *actus* ›Handlung‹): Größerer, zusammenhängender Handlungsabschnitt eines ➤ Dramas. Das traditionelle Drama ist in A. (auch ›Aufzüge‹ genannt) eingeteilt, die ihrerseits in ➤ Auftritte oder ➤ Szenen unterteilt sind. Klassische Dramen gliedern sich in fünf (➤ Fünfakt-Schema) oder in drei A. (➤ Dreiakt-Schema).

Akzent (lat. *accentus* ›Hinzugesang‹): Hervorhebung eines Wortes, einer Wortgruppe oder eines Satzes im Tonfall. Der Wortakzent wird durch die Stammsilbe definiert (z. B. »lesen«; der Satzakzent wird durch die ➤ Intention der Aussage bestimmt, wobei das Betonte meist entweder am Anfang oder am Ende eines Satzes steht. Der Versakzent ergibt sich aus dem ➤ metrischen Schema, d. h. aus dem regelmäßigen Wechsel von betonten Silben (➤ Hebungen) und unbetonten Silben (➤ Senkungen) in einem ➤ Vers. Die Hebungen ergeben sich aus der natürlichen Wortbetonung.

Alexandriner: Sechshebiger Reimvers, der aus einem Wechsel von sechs unbetonten (➤ Senkungen) und sechs betonten Silben (➤ Hebungen) besteht. Der A. weist eine deutliche ➤ Zäsur (//) in der Versmitte auf und wurde zur Darstellung antithetischer Aussagen bes. im ➤ Barock verwendet.

> Was itzund prächtig blüht // sol bald zutretten werden.
> Was itzt so pocht und trotzt // ist Morgen Asch und Bein;
> (Andreas Gryphius, *Es ist alles Eitel*, 1637)

Alkäische Strophe: Nach dem griechischen ➤ Dichter Alkaios (um 600 v. Chr.) benannte vierzeilige Strophenform. Sie besteht aus zwei elfsilbigen, einem neunsilbigen und einem zehnsilbigen ➤ Vers. Die a.S. ist ein antikes Odenmaß, vgl. ➤ Ode.

> Willkommen dann, o Stille der Schattenwelt!
> Zufrieden bin ich, wenn auch mein Saitenspiel
> Mich nicht hinab geleitet; Einmal
> Lebt ich, wie Götter, und mehr bedarfs nicht.
> (Friedrich Hölderlin, *An die Parzen*, 1799)

Allegorie (griech. *allegorein* ›anders, bildlich reden‹): Bildhafte Darstellung eines Gedankens oder eines abstrakten Begriffes.

> Die Figur der Justitia mit einer Augenbinde (für Gerechtigkeit ohne Ansehen der Person), Waage (für das Abwägen des Urteils) und mit Schwert (für eine zu verhängende Strafe); der Sensenmann (für den Tod).

Alliteration (auch ›Stabreim‹): Wiederholung des Anfangslauts zweier oder mehrerer Wörter.

> Lust und Leid und Liebesklagen
> (Joseph von Eichendorff, *Die Nachtblume*, 1831)

Allwissender Erzähler ➤ Auktorialer Erzähler.

Alternation (lat. *alternare* ›abwechseln‹): Strenger Wechsel von ➤ Hebung und ➤ Senkung nach jeweils einer Silbe im ➤ Metrum eines ➤ Verses.

> Fest gemauert in der Erden
> Steht die Form, aus Lehm gebrannt.
> (Friedrich Schiller, *Das Lied von der Glocke*, 1800)

Anachronie: Liegt vor, wenn die Reihenfolge des Erzählens nicht mit der chronologischen Abfolge des Erzählten übereinstimmt. A. entsteht durch ➤ Rückblenden (Analepsen) oder ➤ Vorausdeutungen (Prolepsen). Häufig eingesetzt z. B. bei ➤ Detektivromanen. Auch ➤ Rahmenerzählungen erzeugen A.

Anachronismus (griech. *anachronizein* ›in eine andere Zeit versetzen‹): Bewusste oder unbewusste Darstellung von ➤ Figuren, Ereignissen oder Vorstellungen in einer falschen Zeit. Mit dem A. kann eine komische Wirkung erzielt oder die zeitlose Aktualität des behandelten ➤ Stoffes unterstrichen werden.

> Die Wanduhr in Novalis' *Heinrich von Ofterdingen* (1802) stellt einen A. dar, weil solche Uhren zur Zeit der ➤ Handlung (im Mittelalter) noch nicht existierten.

Anadiplose (griech. *anadiplosis* ›Verdoppelung, Wiederholung‹): Betonende Wiederholung des letzten Wortes oder der letzten Wortgruppe eines Satzes bzw. eines ➤ Verses am Beginn des darauf folgenden Satzes oder ➤ Verses.

> Mit dem Schiffe spielen Wind und Wellen,
> Wind und Wellen nicht mit seinem Herzen.
> (Johann Wolfgang Goethe, *Seefahrt*, 1776)

Anagramm (griech. *anagraphein* ›umschreiben‹): Umstellung der Buchstaben eines Wortes oder einer Wortgruppe, um ein neues Wort bzw. eine neue Wortgruppe mit neuem Sinn zu bilden, ohne einen Buchstaben wegzulassen oder hinzuzufügen. A. werden auch bei der Bildung von ➤ Pseudonymen verwendet. Eine Sonderform ist das ➤ Palindrom.

> Besenstiel für ›Liebesnest‹.

Anakoluth (griech. *anakoluthos* ›ohne Folge‹): Sprachlich falsche Entwicklung eines Satzes, Fügungsbruch im Satz (Satzbruch). Durch den A. wird eine soziale Verhaltensweise oder ein stark emotionales Sprechen zum Ausdruck gebracht.

> »Ich weiß nicht, was soll es bedeuten« (Heinrich Heine, 1824) statt: »Ich weiß nicht, was es bedeuten soll«.

Analyse (griech. *analysis* ›Auflösung‹): Methodisch-systematisches Herausarbeiten von Strukturmerkmalen und Zusammenhängen eines (literarischen) Textes unter gezielten Fragestellungen.

Analytische Erzählung: Ähnlich wie das ➤ analytische Drama beginnt die a. E. mit einem rätselhaften Ereignis, dessen Vorgeschichte nachträglich erzählt wird und Schritt für Schritt zur Auflösung des Rätsels führt. Vgl. ➤ Rückblende. Die a. E. wird häufig in der ➤ Detektivgeschichte angewandt. Ggs. ➤ synthetische Erzählung.

Analytisches Drama (auch ›Enthüllungsdrama‹): ➤Drama, das auf einem entscheidenden Ereignis in der Vorgeschichte des dargestellten dramatischen ➤Konflikts aufbaut. Die Ursachen des dramatischen Geschehens bleiben dem Zuschauer/Leser, oft auch den ➤Figuren selbst, zunächst verborgen. Die ➤Handlung besteht dann darin, die vorausliegenden Ereignisse schrittweise zu klären (Analyse), was schließlich in den Untergang des ➤Protagonisten (vgl. ➤Tragödie) oder in die glückliche Lösung des Konflikts (vgl. ➤Komödie) mündet. Ggs. ➤Zieldrama.

Heinrich von Kleist, *Der zerbrochne Krug* (1808);
Gotthold Ephraim Lessing, *Nathan der Weise* (1779).

Anapäst (griech. *anapaistos* ›zurückgeschlagen‹): Dreisilbiger antiker Versfuß (➤Metrum) aus einer Abfolge von zwei ➤Senkungen und einer ➤Hebung. Der A. wirkt belebend. Schema: ◡ ◡ —.

Da ergreift's ihm die Seele mit Himmelsgewalt
◡ ◡ — ◡ ◡ — ◡ ◡ — ◡ ◡ —
(Friedrich Schiller, *Der Taucher*, 1798)

Anapher (griech. *anaphora* ›Rückführung‹): Wiederholung des gleichen Wortes oder der gleichen Wortgruppe am Anfang zweier aufeinander folgender Sätze, ➤Verse oder ➤Strophen. Die A. dient der Eindringlichkeit der Aussage. Ggs. ➤Epipher.

Weg ist alles, was du liebtest,
Weg, worum du dich betrübtest,
Weg dein Fleiß und deine Ruh.
(Johann Wolfgang Goethe, *Neue Liebe, Neues Leben*, 1775)

Anastrophe (griech., ›Umkehrung‹): Umkehrung der sprachüblichen syntaktischen Wortstellung in der poetischen Sprache. Die Verwendung der A. dient dem ➤ Rhythmus, dem ➤ Reim oder der klaren Betonung bestimmter Satzteile.

> Nicht Paulet nur und seiner Wächter Schar,
> Ganz England hütet meines Kerkers Tore.
> (Friedrich Schiller, *Maria Stuart*, 1800)

Anekdote (griech. *anekdoton* ›Unveröffentlichtes‹): ➤ Kleinform der epischen ➤ Dichtung, in der eine ➤ Episode aus dem Leben einer bekannten historischen Persönlichkeit oder ein wichtiges Ereignis knapp und prägnant dargestellt wird. Dabei kommt es nicht auf die historische Wahrheit, sondern auf den Aufbau an, der straff auf eine heitere ➤ Pointe hinführt.

> Heinrich von Kleist, *Anekdote aus dem letzten preußischen Kriege* (1810).

Anrede: Wendung an den Leser oder das Publikum im Text. Die A. dient der Nachdrücklichkeit.

> Seht den Felsenquell,
> Freudehell,
> Wie ein Sternenblick
> (Johann Wolfgang Goethe, *Mahomets Gesang*, 1789)

Anspielung: Halbversteckte Andeutung auf eine Person, Situation oder Begebenheit, die der ➤ Autor beim Leser als bekannt voraussetzt. Eine A. kann als neutrale Umschreibung (vgl. ➤ Periphrase) oder als Mittel für eine versteckte ➤ Kritik gebraucht werden.

Antagonist (griech. *antagonistes* ›Gegenspieler‹): Gegenspieler des ➤ Protagonisten in erzählenden und dramatischen Texten. Als Kontrastfigur zeichnet sich der A. durch Eigenschaften und Handlungsweisen aus, die einen negativen Einfluss auf das Leben des Protagonisten ausüben und oft dessen Untergang herbeiführen können.

> Elisabeth als A. von Maria Stuart in Schillers Drama *Maria Stuart* (1800);
> Mephistopheles als A. von Faust in Goethes Drama *Faust I* (1808).

Antiheld (auch ›negativer Held‹): ➤ Hauptfigur in einem dramatischen oder epischen Text, die sich nicht durch heroisches, sondern vielmehr durch passives Verhalten auszeichnet. Der A. ist meist ein Außenseiter, schwach, arm und Opfer seiner Umwelt. Ggs. ➤ Held.

> Die Figur des Woyzeck in Georg Büchners Drama *Woyzeck* (1836/37);
> die Figur Thiel in Gerhart Hauptmanns Novelle *Bahnwärter Thiel* (1888);
> Josef K. in Franz Kafkas Roman *Der Process* (1925).

Antiklimax (griech. ›Gegenleiter‹): Abstufung (bezüglich Bedeutung, Größe o. Ä.) von Begriffen oder Wörtern nach unten (›abfallende Steigerung‹). Die A. hat oft eine scherzhafte Absicht.

> Doktoren, Magister, Schreiber und Pfaffen
> (Johann Wolfgang Goethe, *Faust I*, 1808)

Antithese (griech. *antithesis* ›Gegensatz‹): Zusammenstellung entgegengesetzter Begriffe, Gedanken oder Vorstellungen, z. B. Diesseits vs. Jenseits. Die A. dient dem Kontrast und ist eine charakteristische Denkfigur der Barockdichtung (vgl. ➤ Sonett), da sie sich zur Darstellung des dualistischen Lebensgefühls und der gespaltenen Weltsicht gut eignet. Vgl. ➤ Barock.

> Was dieser heute baut, reist jener morgen ein;
> Wo itzund Städte stehn, wird eine Wisen seyn.
> (Andreas Gryphius, *Es ist alles Eitel*, 1637)

Antizipation ➤ Vorausdeutung.

Antonomasie (griech. *antonomasia* ›Umbenennung‹): Ersetzung eines bekannten Eigennamens durch ein charakteristisches Beiwort oder durch eine Umschreibung. Mit der A. wird eine wiederholte Namensnennung vermieden. Die A. ist eine Form der ➤ Anspielung.

> Der Allmächtige (für Gott).

Aphorismus (griech. *aphorizein* ›abgrenzen‹): Prägnant formulierter Gedanke meist in einem einzelnen Prosasatz, der in geistreich-witziger Weise eine pointierte Erkenntnis ausdrückt. Häufig wird der A. in ➤ rhetorischen Figuren wie ➤ Paradoxon, ➤ Antithese, ➤ Metapher, ➤ Emphase und ➤ Ironie präsentiert. Die unerwartete Wendung dient dazu, den Leser zu kritischem Nachdenken anzuregen.

> Die glücklichen Sklaven sind die erbittertsten Feinde der Freiheit.
> (Marie von Ebner-Eschenbach)

Aposiopese (griech. *aposiopesis* ›Verstummen‹): Bewusstes Verschweigen einer wichtigen Aussage durch den Abbruch des Satzes. Die A. kennzeichnet i. d. R. die leidenschaftlich-emotionale Erregtheit des Sprechers. Vgl. ➤ Ellipse.

> Was! Ich? Ich hätt ihn –? Unter meinen Hunden –? Mit diesen kleinen Händen hätt ich ihn –?
> (Heinrich von Kleist, *Penthesilea*, 1808)

Apostrophe (griech. ›Abwendung‹): Abkehr des Sprechers von der bisherigen Sprechhaltung durch direkte ➤ Anrede von (meist abwesenden) Dingen, Personen, Göttern oder Abstrakta.

> Saget, Steine, mir an, o sprecht, ihr hohen Paläste.
> Straßen, redet ein Wort! Genius, regst du dich nicht?
> (Johann Wolfgang Goethe, *Römische Elegien*, 1795)

> Frühling, ja, du bist's!
> Dich hab ich vernommen!
> (Eduard Mörike, *Er ist's*, 1832)

Archaismus (griech. *archaios* ›alt, altertümlich‹): Bewusste Verwendung veralteter, aus dem Sprachgebrauch verschwundener Wörter oder Wendungen. Der A. kann eine ironische Wirkung haben oder den Text altertümlich wirken lassen.

Zofe (statt Kindermädchen); Oheim (statt Onkel).

Aristotelisches Drama: Klassische Dramenform, die streng nach den von Aristoteles (384–322 v. Chr.) festgelegten Regeln gestaltet ist. Umgesetzt sind dabei die ➤ drei Einheiten von ➤ Handlung, Ort und Zeit (vgl. ➤ geschlossene Form) und der streng symmetrische Aufbau (vgl. ➤ Freytag-Pyramide) mit der ➤ Katharsis als Ziel in der ➤ Tragödie. Moderne ➤ Dramen, die von diesen Regeln abweichen, werden als ➤ nichtaristotelische Dramen bezeichnet. Ggs. ➤ Episches Theater.

Hauptunterscheidungsmerkmale zwischen dem aristotelischen (klassischen) Drama und dem epischen Theater (Brecht):

	Formaler Aufbau	Handlung	Ort und Zeit	Wirkungsabsicht	Beispiel
Klassisches Drama (nach Aristoteles)	Strenge Gliederung in Akte und Szenen	Abgeschlossene Form der Handlung	Einheit von Ort, Zeit und Handlung (drei Einheiten)	Katharsis, emotionale Läuterung durch Mitleid und Furcht	Lessing, *Nathan der Weise* (1779); Schiller, *Wilhelm Tell* (1804)

Episches Theater (nach Brecht)	Lockere Folge von Szenen oder Bildern, Unterbrechung durch Songs, Kommentare etc.	Offene Form der Handlung, offenes Ende	Verzicht auf die drei Einheiten (versch. Handlungsorte, Zeitsprünge etc.)	Kritische Distanz zum Dargestellten, Theater als Ort der Erkenntnis für gesellschaftliche Veränderungen	Brecht, *Mutter Courage und ihre Kinder* (1941); Frisch, *Andorra* (1961)

Assonanz (lat. *assonare* ›anklingen‹): Gleichklang der Vokale betonter Silben (➤ Hebungen) in einem Vers. Die A. stellt einen Halbreim dar und dient der lautlichen Zusammenfügung von inhaltlich Zusammengehörendem.

> Es sang vor langen Jahren
> Wohl auch die Nachtigall
> (Clemens Brentano, *Der Spinnerin Nachtlied,* 1818)

Asyndeton (griech., ›Unverbundenes‹): Unverbundene Reihung von Wörtern, Satzteilen oder Sätzen. Das A. zielt auf eine Raffung der Aussagen ab und vermittelt eine von Leidenschaft gekennzeichnete Ausdrucksweise. Ggs. ➤ Polysyndeton.

> Vernunft, Verstand, Empfindung, Leidenschaft
> (Johann Wolfgang Goethe, *Faust I,* 1808)

> Stehlen, morden, huren, balgen
> Heißt bei uns nur die Zeit zerstreun.
> Morgen hangen wir am Galgen,
> Drum lasst uns heute lustig sein.
>
> (Friedrich Schiller, *Die Räuber*, 1781)

Aufbau ➤ **Struktur.**

Aufklärung: Die auf das ➤ Barock folgende gesamteuropäische Epoche zwischen 1720 und 1785. Die A. griff auf Ideen aus England (John Locke) und Frankreich (Voltaire und Montesquieu) zurück. Leitideen und Schlüsselbegriffe waren Rationalität, Vernunft, religiöse Toleranz, Freiheit, Gleichheit und Weltbürgertum. Der einflussreiche Philosoph Immanuel Kant brachte das Programm der A. 1784 mit folgenden Worten auf den Punkt:

> Aufklärung ist der Ausgang des Menschen aus seiner selbstverschuldeten Unmündigkeit. Unmündigkeit ist das Unvermögen, sich seines Verstandes ohne Leitung eines anderen zu bedienen. […] *Sapere aude*! Habe Mut, dich deines eigenen Verstandes zu bedienen! ist also der Wahlspruch der Aufklärung.
>
> (Immanuel Kant, *Beantwortung der Frage: Was ist Aufklärung?*, 1784)

Die dt. Literatur der A. zeichnet sich durch den Aufbruch in die bürgerliche Gesellschaft und die Emanzipation von der althergebrachten gesellschaftlichen Ordnung (Feudalgesellschaft) aus. Schriftsteller der damaligen Zeit setzten sich die Verbreitung des aufklärerischen Gedankenguts zum Ziel. Entsprechend hatten literarische Werke einen stark lehrhaften und moralisierenden Charakter.

> Johann Christoph Gottsched, *Versuch einer critischen Dichtkunst vor die Deutschen* (1729);
> Christian Fürchtegott Gellert, *Fabeln und Erzählungen* (1746–54);
> Gotthold Ephraim Lessing, *Minna von Barnhelm* (1767), *Emilia Galotti* (1772), *Nathan der Weise* (1779).

Auftakt: Bezeichnung für eine oder mehrere unbetonte Silben vor der ersten ➤ Hebung eines ➤ Verses.

> Zwei Segel erhellend ◡ — ◡ ◡ — ◡
> Die tiefblaue Bucht! ◡ — ◡ ◡ —
> (Conrad Ferdinand Meyer, *Zwei Segel*, 1882)

Auftritt ➤ Szene.

Aufzählung: Häufung von Begriffen oder Sachverhalten. Durch den Eindruck der Vollständigkeit wird die Aussage intensiviert oder auch überfrachtet.

> Habe nun, ach! Philosophie,
> Juristerei und Medizin,
> Und leider auch Theologie
> Durchaus studiert [...].
> (Johann Wolfgang Goethe, *Faust I*, 1808)

Aufzug ➤ Akt.

Auktorialer Erzähler (auch ›allwissender Erzähler‹): Der ➤ Erzähler befindet sich außerhalb des Geschehens, überschaut aber aufgrund seiner ›olympischen Position‹ die gesamte ➤ Handlung (Vergangenheit, Gegenwart, Zukunft) souverän. Er hat einen Wissensvorsprung sowohl gegenüber den ➤ Figuren als auch gegenüber dem Leser. Kennzeichnend kann zudem sein gestalterischer Eingriff in das Geschehen durch Urteile, Kommentare, Anrede des Lesers und die ➤ Vorausdeutung künftiger Geschehnisse sein.

> An einem unfreundlichen Novembertage wanderte ein armes Schneiderlein auf der Landstraße nach Goldach, einer kleinen, reichen Stadt, die nur wenige Stunden von Seldwyla entfernt ist. Der Schneider trug in seiner Tasche nichts als einen Fingerhut, welchen er, in Ermangelung irgendeiner Münze, unablässig zwischen den Fingern drehte, wenn er der Kälte wegen die Hände in die Hosen steckte, und die Finger schmerzten ihm ordentlich von diesem Drehen und Reiben. Denn er hatte wegen des Fallimentes irgendeines Seldwyler Schneidermeisters seinen Arbeitslohn mit der Arbeit zugleich verlieren und auswandern müssen.
>
> (Gottfried Keller, *Kleider machen Leute*, 1874)

Außensicht: Der ➤ Erzähler sieht die ➤ Figuren nur von außen und beschränkt sich auf die Beschreibung ihrer äußeren Erscheinung und ihres Verhaltens. Ggs. ➤ Innensicht.

Autobiographie: Literarische Gattung, bei der der ➤ Autor mit Hilfe von Erinnerungen über die eigene Lebensgeschichte berichtet. In diesem Fall sind ➤ Ich-Erzähler und Verfasser identisch. Die A. kann durchaus auch fiktionale Elemente enthalten. Anders als bei ➤ Memoiren steht die persönliche Entwicklung im Mittelpunkt.

Heinrich Jung-Stilling, *Heinrich Stillings Jugend* (1777);
Johann Wolfgang Goethe, *Aus meinem Leben. Dichtung und Wahrheit* (1811/14);
Erich Kästner, *Als ich ein kleiner Junge war* (1957).

Autodiegetischer Erzähler: Bezeichnung für einen Erzähler, der nicht nur Teil der erzählten Welt, sondern zugleich die Hauptfigur der erzählten Geschichte ist. In Max Frischs Roman *Homo Faber* (1957) zum Beispiel tritt die Figur Walter Faber als a. E. auf, in Robert Louis Stevensons *Schatzinsel* die Figur Jim Hawkins. Auch ➤ Autobiographien haben in der Regel einen a. E. Der a. E. ist eine häufig auftretende Sonderform des ➤ homodiegetischen Erzählers. Ggs. ➤ Heterodiegetischer Erzähler.

Autor/Autorin (lat. *auctor* ›Urheber, Schöpfer‹): Allgemeine Bezeichnung für Verfasser fiktionaler und nichtfiktionaler Texte. Seit dem ➤ Sturm und Drang Bezeichnung für den selbstbewussten ›Schöpfer‹ eines künstlerischen Werkes. A. und Schriftsteller werden in der Regel synonym verwendet, allerdings verbindet man damit oft Urheber von Prosawerken und Sachtexten, während Verfasser lyrischer Texte üblicherweise als Dichter oder Lyriker bezeichnet werden.

B

Ballade (ital. *ballata* ›Tanzlied‹): Literarische Grenzgattung, die Eigenschaften von ➤ Lyrik, ➤ Epik und ➤ Drama in sich vereinigt: In einer längeren Gedichtform (Lyrik) wird eine Geschichte erzählt (Epik), die einen dramatischen ➤ Konflikt enthält (Drama). Man unterscheidet zwischen mündlich überlieferten ➤ Volksballaden und schriftlich verfassten Kunstballaden.

> Johann Wolfgang Goethe, *Erlkönig* (1782), *Der Zauberlehrling* (1798);
> Friedrich Schiller, *Der Handschuh* (1798), *Die Bürgschaft* (1799);
> Eduard Mörike, *Der Feuerreiter* (1832);
> Theodor Fontane, *John Maynard* (1886);
> Annette von Droste-Hülshoff, *Der Knabe im Moor* (1842).

Bänkelsang (auch ›Moritat‹): Bezeichnung für ➤ Lieder, die seit dem 17. Jh. von fahrenden Sängern zu sensationellen Ereignissen, häufig aktuellen Schauergeschichten (Verbrechen, Mord etc.) auf einer Holzbank (daher der Name) bei Jahrmärkten, Festen und Messen vorgetragen wurden. Die Texte des B. zeichnen sich durch eine formelhafte Sprache und typisierte ➤ Figuren in klischeehaften Situationen aus. Sie zielen aber aufgrund ihres meist ernsthaften Inhaltes keineswegs auf Belustigung ab, sondern verfolgen eine lehrhafte Absicht. Daran knüpfen vor allem der moderne ➤ Song und das ➤ epische Theater an.

Barock (port. *barocco* ›unregelmäßige, schiefe Perle‹): Der Begriff B. kommt in der Kunstgeschichte, in der Musik und der Literaturgeschichte vor.

1. In der Kunstgeschichte umfasst das B. die Zeit zwischen ➤ Renaissance und ➤ Klassizismus (um 1575–1770). Deutlichstes Merkmal des von verschiedenen Stilrichtungen und zeitlichen Einflüssen geprägten barocken Stils ist die prunkvolle und überladene Prachtentfaltung.

2. Als literarischer Epochenbegriff meint B. die Zeit zwischen dem Ende der Renaissance und dem Beginn der ➤Aufklärung (um 1600 – um 1720). Historisch-gesellschaftlich ist das 17. Jh. vor allem durch Glaubenskämpfe, den Dreißigjährigen Krieg und dessen verheerende Auswirkungen geprägt. Hinzu kommen große Hungersnöte und Seuchen, die enorme soziale Verwüstungen anrichteten und das Leben der Menschen bestimmten. Geistig-kulturell beherrschen Gegensätze und Widersprüche das Zeitalter des B. Dem Analphabetismus und Massenelend breiter Bevölkerungsschichten steht die prunkvolle absolutistische Hofkultur nach dem Vorbild Ludwigs XIV. gegenüber. Pessimismus und Lebenshunger haben hier ihre Wurzeln. Leitideen sind in den lat. Schlüsselbegriffen *vanitas*, *memento mori* und *carpe diem* greifbar. Sie entwickeln sich aus einem religiös begründeten Welt- und Menschenbild. An die Auffassung, dass irdisches Leben vergänglich sei (*vanitas* ›Vergänglichkeit‹), fügt sich die Vorstellung, dass nur die Hinwendung zum Jenseits und zu Gott dem menschlichen Leben Sinn zu geben vermag (*memento mori!* ›Denke daran, dass du sterben musst!‹) Dem gegenüber steht der Aufruf, die begrenzte Lebenszeit sinnvoll/intensiv zu nutzen (*carpe diem!* ›Nutze den Tag!‹).

Die ➤ Literatur des B. entfaltet sich vor diesem krisenhaften historischen und geistesgeschichtlichen Hintergrund. Im Mittelpunkt steht ein antithetisches und dualistisches Weltbild als epochenprägendes Grundprinzip. Die bevorzugten literarischen Formen sind: das ➤Sonett, die ➤Ode, das ➤Emblem, das ➤Epigramm (➤Drama und ➤Epik sind auch vertreten).

> Andreas Gryphius, *Sonn- und Feiertagssonette* (1639); Hans Jakob Christoffel von Grimmelshausen, *Der abenteuerliche Simplicissimus Teutsch* (1668).

Belletristik (frz. *belles lettres* ›schöne Literatur‹): Sammelbegriff für alle fiktionalen Werke (z. B. ➤Romane, ➤Erzählungen usw.) im Gegensatz zu wissenschaftlichen oder nichtfiktionalen Werken (z. B. Wörterbücher und Sachtexte).

Bericht: Der Begriff B. wird in zweifacher Weise gebraucht: 1. Journalistische Textsorte, die sachlich und vollständig über den Ablauf eines Ereignisses informiert. Der B. zeichnet sich durch die genaue und verdichtete Darstellung eines Geschehens aus. Ein guter B. ist so aufgebaut, dass die sieben W-Fragen (wo, was, wann, wer, wie, warum, welche Folgen?) vollständig beantwortet sind.

2. Kurzer Abriss eines Geschehens in einem epischen Text oder zum Zweck der ➤Zeitraffung als ➤Botenbericht bzw. ➤Teichoskopie im ➤Drama.

Bewusstseinsstrom (auch ›Stream of Consciousness‹): Mit dem inneren ➤Monolog verwandte moderne ➤Erzähltechnik, bei der Bewusstseinsinhalte einer ➤Figur möglichst unverändert wiedergegeben werden. Vom ➤Erzähler werden Gedanken, Erinnerungen, Empfindungen einer Figur in ungeordneter Folge abgebildet, ohne sie den grammatischen Regeln anzupassen. Der Satzbau ist deshalb häufig assoziativ, unstrukturiert bis ungrammatisch.

Orgel – Gesang – hm! – was ist denn das? – Mir ist ganz schwindlig ... O Gott, o Gott, o Gott! ich möcht' einen Menschen haben, mit dem ich ein Wort reden könnt' vorher! – Das wär' so was – zur Beicht' gehn! Der möcht' Augen machen, der Pfaff', wenn ich zum Schluss sagen möcht': Habe die Ehre, Hochwürden, jetzt geh' ich mich umbringen! ...

(Arthur Schnitzler, *Lieutenant Gustl*, 1900)

Biedermeier: Literarische Strömung der Restaurationszeit (1815–1848). Der B. hat sich neben der auslaufenden ➤ Romantik und dem ➤ Vormärz entwickelt. Prägend für die Zeit zwischen dem Wiener Kongress (1815) und der Märzrevolution (1848) ist die politische ➤ Restauration. Mit den Karlsbader Beschlüssen (1819) wurden liberale Bewegungen verboten und eine strenge ➤ Zensur für Bücher und Zeitschriften verhängt. Als Reaktion zog sich ein Großteil des Bürgertums resigniert ins Private zurück. Dies hatte Auswirkungen auf die ➤ Literatur. Im Gegensatz zum Vormärz, einer parallel laufenden, politisch engagierten literarischen Strömung, hielten die Autoren des B. an Idealen und Konventionen der klassisch-romantischen ➤ Epoche fest. Sie verdrängten die gesellschaftliche Wirklichkeit, insbesondere die politischen und sozialen Missstände, und träumten von Geborgenheit. Der literarische B. kann als konservativ-unpolitische, tendenziell melancholisch-resignative bürgerliche Dichtung charakterisiert werden. Das literarische Programm des B. beschränkte sich auf überkommene bürgerliche Ideale: Bescheidenheit, Bändigung der Leidenschaften, Suche nach Ordnung in Familie und Staat, Innerlichkeit und Beschaulichkeit.

Franz Grillparzer, *Der arme Spielmann* (1848);
Johann Peter Hebel, *Schatzkästlein des rheinischen Hausfreundes* (1811);
Annette von Droste-Hülshoff, *Der Knabe im Moor* (1842), *Die Judenbuche* (1842);
Adalbert Stifter, *Bunte Steine* (1853).

Bild: Als literarischer Begriff hat B. zwei Grundbedeutungen: 1. Allgemeine Bezeichnung für literarische ➤ Stilmittel, die der Veranschaulichung dienen. Die häufigsten Sprachbilder sind: ➤ Allegorie, ➤ Gleichnis, ➤ Symbol, ➤ Metapher und ➤ Vergleich. 2. Szenenartige Einheit im modernen ➤ Drama, insbesondere im ➤ epischen Theater.

Das dramatische B. ist durch eine große Selbstständigkeit gekennzeichnet.

Bilderlyrik: Sammelbegriff für ➤ Gedichte, die im Druckbild einen Gegenstand darstellen, zu dem der Inhalt in direkter Beziehung steht. Man spricht deshalb auch vom Figurengedicht. Höhepunkte der B. gab es im Mittelalter und im ➤ Barock.

Zwei Trichter wandeln durch die Nacht.
Durch ihres Rumpfs verengten Schacht
fließt weißes Mondlicht
still und heiter
auf ihren
Waldweg
u.s.
w.

(Christian Morgenstern, *Die Trichter*, 1905)

Bildungsroman: In der 2. Hälfte des 18. Jh.s entstandene Variante des ➤Entwicklungsromans. Darin wird der Reifungsprozess eines jungen ➤Helden als harmonische Ausbildung seiner geistigen Anlagen geschildert.

> Johann Wolfgang Goethe, *Wilhelm Meisters Lehrjahre* (1795/96);
> Ludwig Tieck, *Franz Sternbalds Wanderungen* (1798).

Binnenerzählung: In eine ➤Rahmenerzählung eingebettete Erzählung.

Biographie (griech. *bios* ›Leben‹, *graphein* ›schreiben‹): Eine möglichst auf gesicherten Fakten basierende Darstellung des Lebenslaufs eines Menschen (etwa eines ➤Autors) sowohl nach seinen äußeren Lebensverhältnissen als auch nach seinem geistigen Entwicklungsgang. Die B. kann für das Verständnis eines literarischen Werkes behilflich sein, sollte bei der ➤Analyse oder ➤Interpretation jedoch nicht im Mittelpunkt stehen.

Blankvers (engl. *blank verse* ›reimloser Vers‹): Reimloser, fünfhebiger ➤Jambus. Der B. wurde seit Lessings *Nathan der Weise* (1779) zum Modell für das klassische deutsche ➤Drama.

> Er ist es! Nathan! – Gott sei ewig Dank,
> Dass Ihr doch endlich einmal wiederkommt.
> (Gotthold Ephraim Lessing, *Nathan der Weise*, 1779)

Botenbericht: Mit der ➤Teichoskopie verwandtes dramaturgisches Darstellungsmittel, um eine nicht sichtbare ➤Handlung zu beschreiben: Ein Bote berichtet über Ereignisse, die außerhalb der Bühne stattgefunden haben und zeitlich zurückliegen, die aber eine Wirkung auf die dargestellte Handlung haben und ihren Fortgang beeinflussen. Mit dem B. werden Zuschauern bühnentechnisch nicht darstellbare Ereignisse präsentiert und in den Handlungsfortgang einbezogen (z. B. eine Seeschlacht, ein Schiffsuntergang usw.).

Briefroman: Romanform, die ganz oder teilweise aus einer Sammlung fingierter Briefe oder Tagebucheinträge einer oder mehrerer Personen (Briefwechsel) besteht. Die Briefform ermöglicht Einblicke in die subjektive Gedanken- und Gefühlswelt des Briefschreibers.

Johann Wolfgang Goethe, *Die Leiden des jungen Werther* (1774).

Bürgerliches Trauerspiel: In der ➤ Aufklärung und im ➤ Sturm und Drang entwickelte Form der ➤ Tragödie, die in ihrer ersten Entwicklungsphase thematisch den ➤ Konflikt zwischen Bürgertum und Adel (deshalb gemischte ➤ Figuren), später aber auch die Probleme innerhalb des Bürgertums behandelt. Das b. T. setzte bis dahin gültige Regeln der ➤ Poetik der Tragödie wie die ➤ Ständeklausel und die ➤ Fallhöhe außer Kraft. Lessing gilt als Begründer des b. T.

Gotthold Ephraim Lessing, *Miß Sara Sampson* (1755), *Emilia Galotti* (1772);
Friedrich Hebbel, *Maria Magdalena* (1844).

C

Charakter (griech., ›das Eingeprägte‹): Bezeichnung für jede literarische ➤Figur, die sich durch individuelle und unverwechselbare Eigenschaften auszeichnet. In der Regel sind Charaktere komplex, vielschichtig und oft widersprüchlich. Ggs. ➤Typus.

Charakterisierung: Art und Weise, wie das Wesen von ➤Figuren (Charakteren) literarischer Texte dargestellt wird. Der Zugang zu den Eigenschaften einer bestimmten Figur erfolgt: 1. direkt, d. h. durch Angaben des ➤Erzählers oder andere Figuren. 2. indirekt, durch die Handlungen, Reaktionen und Aussagen der Figur selbst, an denen sich bestimmte Charaktereigenschaften ablesen lassen.

Charakterkomödie: Besondere Form des ➤Lustspiels, deren ➤Komik weniger auf der Verwicklung der ➤Handlung, sondern vielmehr auf der übertriebenen Darstellung eines merkwürdigen ➤Charakters oder ➤Typus beruht. Meist wird die ➤Figur auf eine einzige Eigenschaft, etwa Größenwahn, Geiz, Ehrsucht usw. reduziert und damit der Lächerlichkeit preisgegeben. Dadurch unterscheidet sich die C. von der ➤Intrigen- und Situationskomödie.

> Heinrich von Kleist, *Der zerbrochne Krug* (1808);
> Gerhart Hauptmann, *Der Biberpelz* (1893);
> Hugo von Hofmannsthal, *Der Schwierige* (1921).

Chevy-Chase-Strophe: Nach einer engl. Volksballade des 15. Jh.s benannte Strophenform, die sich durch ihre durchgängig männlichen ➤ Kadenzen auszeichnet und meist dynamische Inhalte zum Ausdruck bringt.

> Ich hab es getragen sieben Jahr
> Und ich kann es nicht tragen mehr.
> Wo immer die Welt am schönsten war,
> Da war sie öd' und leer.
>
> (Theodor Fontane, *Archibald Douglas*, 1856)

Chiasmus (nach der Kreuzform des griech. Buchstabens Chi ›X‹): Kreuzweise, spiegelverkehrte Stellung einander entsprechender Wörter oder Wortgruppen zweier ➤ Verse oder Sätze. Durch den C. wird die auf den Gegensatz angelegte Aussageeinheit hervorgehoben.

> Ach Gott! Die Kunst ist lang;
> Und kurz ist unser Leben
>
> (Johann Wolfgang Goethe, *Faust I*, 1808)

Chiffre (frz., ›Zahl, Ziffer‹): Meist in der modernen ➤ Lyrik gebrauchte Stilfigur, die aus einer oftmals schwer verständlichen bildhaften Wortkombination mit versteckter Bedeutung besteht. Dabei steht die Wortverbindung unabhängig von der eigentlichen Bedeutung in einem neuen Sinnzusammenhang und verbreitet dort eine eigene Gefühlsfärbung. Jede C. hat einen eigenen »Code« mit entsprechenden Assoziationen, die sich nur im Kontext entschlüsseln lassen.

Verflucht ihr dunklen Gifte,
Weißer Schlaf!
Dieser höchst seltsame Garten
Dämmernder Bäume
(Georg Trakl, *Der Schlaf*, 1914/15)

Collage (frz., ›aufkleben‹): Kompositionstechnik, bei der fremdes Material (Zeitungsschlagzeilen, Reklametexte, Annoncen, Briefe etc.) in einen literarischen Text eingebaut wird. Auf diese Weise wird das ➤Thema aus verschiedenen Perspektiven gezeigt, z. B. im Film und im modernen ➤Roman. Vgl. ➤Montage.

Alfred Döblin, *Berlin Alexanderplatz* (1929);
Wolfgang Koeppen, *Tauben im Gras* (1951).

Commedia dell'arte (ital. *arte* ›Kunst‹): In Italien entstandene Stegreifkomödie mit Maskenfiguren, bei der nur der Handlungsverlauf und die Szenenfolge festgelegt sind. Voraussetzung sind daher die hohe Improvisationskunst und die Verkörperung bestimmter ➤Typen durch die Schauspieler.

D

Dadaismus: Eine 1916 gegründete literarische und künstlerische Bewegung, die sich durch die Ablehnung der bisherigen Ästhetik und der bürgerlichen Ideale auszeichnet. Die Dadaisten wollten mit der Zerstörung der herkömmlichen Syntax, der Reduktion der Sprache auf ihre klanglichen Qualitäten im Lautgedicht und der Abschaffung der Zeichensetzung die Sprache von traditionellen Strukturen befreien.

> ombula
> take
> biti
> solunkola
> tabla tokta tokta takabla
> taka tak
>
> (Hugo Ball, *totenklage*, 1916)

Daktylus (griech. *daktylos* ›Finger‹): Dreisilbiger ➤ Verfuß, der aus einer betonten Silbe und zwei darauf folgenden unbetonten Silben besteht. Der D. wirkt bewegt. Schema: — ◡ ◡.

> Früh, wann die Hähne krähn
> — ◡ ◡ — ◡ ◡
>
> (Eduard Mörike, *Das verlassene Mägdlein*, 1832)

Décadence (frz., ›Verfall‹): Bezeichnung für das Endzeitbewusstsein insbesondere des ➤ Fin de Siècle und seinen Einfluss auf die ➤ Literatur. Die so genannte Dekadenzliteratur zeichnet sich durch die Darstellung von kulturellen Verfallserscheinungen wie Entfremdung, Zerrissenheit des Menschen und Werteverfall aus, die als Ergebnis von Fortschrittswahn und Profitgier betrachtet wurden. Dem setzen die ➤Dichter eine von bürgerlichen Alltagswerten befreite ➤Dichtung entgegen – oft mit pessimistischem Grundton. Durch eine stärkere Thematisierung von Krankheit und Tod wird die Auflösung der bürgerlichen Welt, die bisher als heil galt, vor Augen geführt. Mit seinem Roman *Buddenbrooks. Verfall einer Familie* (1901) hat Thomas Mann dieser Niedergangsstimmung ein Denkmal gesetzt.

> Zu jubeln ziemt nicht: kein triumf wird sein
> Nur viele untergänge ohne würde ..
> [...]
> Der alte Gott der schlachten ist nicht mehr.
> Erkrankte welten fiebern sich zu ende
> In dem getob.
>
> (Stefan George, *Der Krieg*, 1917)

Definition (lat. *definitio* ›Abgrenzung‹): 1. Allgemein: Begriffsbestimmung. 2. ➤Rhetorische Figur, bei der der Sprecher das Wesen eines Gegenstandes umreißt.

> Wem Gott will rechte Gunst erweisen,
> den schickt er in die weite Welt.
>
> (Joseph von Eichendorff, *Aus dem Leben eines Taugenichts*, 1826)

Denotation: Begrifflicher Wortinhalt per se, d. h. die rein lexikalische Bedeutung eines Wortes ohne weitere individuelle oder kollektive Assoziationen. Ggs. ➤Konnotation.

Fuchs und Löwe als Tiere.

Detektivgeschichte: Eine im 19. Jahrhundert entstandene Untergattung des Kriminalromans. Im Mittelpunkt der D. stehen die Rekonstruktion und die anschließende Aufklärung eines Verbrechens durch einen Detektiv oder eine Detektivin.

E. T. A. Hoffmann, *Das Fräulein von Scuderi* (1819); Edgar Allan Poe, *Der Doppelmord in der Rue Morgue* (1841).

Deus ex machina (lat., ›der Gott aus der Maschine‹): Bezeichnung für Lösungen von ausweglosen Situationen, insbesondere dramatischen ➤Konflikten, die im letzten Augenblick vor der ➤Katastrophe durch unerwartet eintretende Ereignisse, Personen oder Götter herbeigeführt werden.

Der reitende Bote in Brechts *Dreigroschenoper* (1928), der Mackie Messers Begnadigung verkündet.

Dialog (griech. *dialogos* ›Wechselgespräch‹): Gespräch zwischen zwei oder mehreren ➤Figuren. Als literarisches Kunstmittel ist der D. eine Form des sprachlichen Handelns, die Spannungen und Gegensätze entwickeln lässt. Besonders in dramatischen, aber auch in erzählenden Texten ist der D. ein zentrales Bauelement, das wesentlich zur Entfaltung von ➤Konflikt, ➤Handlung und ➤Charakteren beiträgt. Ggs. ➤Monolog.

Dichter ➤ Autor.

Dichtung ➤ Literatur.

Dinggedicht: Gedicht, in dem ein Gegenstand oder Lebewesen vom ➤ lyrischen Ich bzw. genauer: dem lyrischen Sprecher so distanziert beschrieben wird, dass das dargestellte »Ding« eine über sich hinausweisende symbolische Bedeutung bekommt.

> Aufsteigt der Strahl und fallend gießt
> Er voll der Marmorschale Rund,
> Die, sich verschleiernd, überfließt
> In einer zweiten Schale Grund;
> Die zweite gibt, sie wird zu reich,
> Der dritten wallend ihre Flut,
> Und jede nimmt und gibt zugleich
> Und strömt und ruht.
>
> (Conrad Ferdinand Meyer, *Der römische Brunnen*, 1869)

Dingsymbol: Gegenstand, Tier oder Pflanze als zentrales Element mit Leitmotivcharakter. Das D. kommt vor allem in der ➤ Ballade und ➤ Novelle vor. Es erscheint wiederholt an Schlüsselstellen der ➤ Handlung und wird somit zum Signal für das Kernproblem des Geschehens.

> Der Zug in Gerhart Hauptmanns *Bahnwärter Thiel* (1888);
> die Buche in Annette von Droste-Hülshoffs *Die Judenbuche* (1842);
> die Küchenuhr in Wolfgang Borcherts *Die Küchenuhr* (1947).

Direkte Rede: Darbietungsform der ➤ Figurenrede, bei der die ➤ Figuren der ➤ Handlung das Wort erhalten. Ihre Äußerungen werden durch Anführungszeichen markiert unverändert wiedergegeben. Eine Einmischung des ➤ Erzählers findet nicht statt. Ggs. ➤ Indirekte Rede.

Distanz: Kategorie der Erzähltheorie, die den Grad an Mittelbarkeit in der erzählenden Wiedergabe von Ereignissen beschreibt. Man unterscheidet dabei zwischen dem narrativen und dem dramatischen Modus. Der narrative Modus zeichnet sich durch eine geringe Unmittelbarkeit aus, d. h. die Ereignisse werden klar erkennbar durch einen Erzähler präsentiert (Beispiel: *Sandmann*). Der dramatische Modus ist im Gegensatz zum narrativen durch eine hohe Unmittelbarkeit gekennzeichnet: die Ereignisse werden dem Leser scheinbar direkt, d. h. nahezu ohne Beteiligung des Erzählers, präsentiert. Der Erzähler zieht sich dabei fast vollständig zurück und beschränkt sich auf eine Beobachterrolle (Beispiel: *Grete Minde*).

> Damit klarer werde, was gleich anfangs zu wissen nötig, ist jenen Briefen noch hinzuzufügen, dass bald darauf, als Nathanaels Vater gestorben, Clara und Lothar, Kinder eines weitläufigen Verwandten, der ebenfalls gestorben und sie verwaist nachgelassen, von Nathanaels Mutter ins Haus genommen wurden.
>
> (E. T. A. Hoffmann, *Der Sandmann*, 1816)

> »Weißt du, Grete, wir haben ein Nest in unserm Garten, und ganz niedrig, und zwei Junge drin.«
> »Das wäre! Wo denn? Ist es ein Fink oder eine Nachtigall?«
> »Ich sag' es nicht. Du musst es raten.«

> Diese Worte waren an einem überwachsenen Zaun, der zwei Nachbargärten voneinander trennte, gesprochen worden.
>
> (Theodor Fontane, *Grete Minde*, 1879)

Distichon (griech. *dis* ›zweifach‹, *stichos* ›Vers‹): Verspaar, das aus einem ➤ Hexameter und einem ➤ Pentameter besteht.

> Ím Hexámeter steígt des Spríngquells flüssige Säule,
> Ím Pentámeter draúf | fállt sie melódisch heráb.
>
> (Friedrich Schiller, *Das Distichon*, 1797)

Dokumentartheater: Dramenform, die bereits in den 1920er Jahren entstanden ist und in den 60er Jahren des 20. Jh.s bes. gepflegt wurde. Im Mittelpunkt des D. der 1960er Jahre stehen politisch-historische Themen der jüngsten Vergangenheit. Hintergrund war die politische Auseinandersetzung mit der Zeit des Nationalsozialismus, wie sie in zahlreichen NS-Prozessen der 60er Jahre stattfand. Die Autoren des D. arbeiteten mit historischen Dokumenten, etwa Verhörprotokollen, Akten, Presseberichten usw., die teilweise kommentiert in die Bühnentexte einmontiert wurden, um ein realitätsnahes ➤ Drama zu schaffen. Mit Hilfe der ➤ Montage und ➤ Collage des Tatsachenmaterials sollte die Öffentlichkeit wirkungsvoller auf politische Themen aufmerksam gemacht werden.

> Rolf Hochhuth, *Der Stellvertreter* (1963);
> Heinar Kipphardt, *In der Sache J. Robert Oppenheimer* (1964);
> Peter Weiss, *Die Ermittlung* (1965).

Dorfgeschichte: Erzählung im Rahmen der bäuerlichen Lebenswelt. Charakteristisch ist die Idealisierung der ländlich-bäuerlichen Wirklichkeit, die der überzivilisierten, städtischen Bevölkerung als positives Gegenbild vorgehalten wird.

> Ludwig Anzengruber, *Der Sternsteinhof* (1885);
> Gottfried Keller, *Romeo und Julia auf dem Dorfe* (1856).

Drama (griech., ›Handlung‹): Eine der drei Hauptgattungen der ➤ Literatur neben ➤ Lyrik und ➤ Epik. Oberbegriff für die Gesamtheit aller dramatischen Texte, die nach der Grundidee der Gattung für die Bühne konzipiert sind. Auch die Begriffe ›Schauspiel‹ und ›Stück‹ werden gelegentlich als Synonyme gebraucht. Charakteristisch sind ineinandergreifende szenische Einheiten (➤ Akt, ➤ Aufzug, ➤ Bild). Die ➤ Handlung des D. wird von einem zugrunde liegenden dramatischen ➤ Konflikt vorangetrieben und fast ausschließlich in ➤ Dialogen und ➤ Monologen der handelnden Figuren dargestellt.

Dramatiker: Schriftsteller, der Theaterstücke verfasst. Üblich sind auch die allgemeinen Bezeichnungen ➤ Autor und Schriftsteller.

Dramatisches Gedicht: Bezeichnung für ein dramatisches Werk, das in gebundener Sprache verfasst ist.

> Gotthold Ephraim Lessing, *Nathan der Weise* (1779);
> Friedrich Schiller, *Don Karlos* (1787/88).

Dreiakt-Schema: ➤Drama, das aus drei ➤Akten besteht. Die ➤Handlung ist demnach folgendermaßen aufgeteilt: 1. Akt: Exposition und erregendes Moment, 2. Akt: Entfaltung des Konflikts, 3. Akt: Katastrophe/Lösung.

> Friedrich Hebbel, *Maria Magdalena* (1844);
> Arno Holz / Johannes Schlaf, *Die Familie Selicke* (1890).

Drei Einheiten: Normative Grundregel aus der aristotelischen ➤Poetik, die das klassische ➤Drama zur strikten Wahrung folgender drei Einheiten verpflichtete: 1. Einheit der Handlung: Das Drama soll nur einen einzigen, geradlinigen Handlungsstrang enthalten. 2. Einheit des Ortes: Die ➤Handlung soll an einem einzigen Schauplatz stattfinden. 3. Einheit der Zeit: Das dargestellte Geschehen soll sich innerhalb eines Tages abspielen.

Diese Regeln dienten der inneren Geschlossenheit des Dramas und wurden bes. im frz. ➤Klassizismus angewendet. In Deutschland wurden sie vom Theaterreformer Johann Christoph Gottsched eingeführt. Im ➤Sturm und Drang wurden sie allerdings als Einengung der künstlerischen Freiheit kritisiert und weitgehend überwunden.

E

Einakter: Kurzdrama, das nur aus einem ➤Akt besteht und meist ohne Szenenwechsel auskommt.

> Gotthold Ephraim Lessing, *Philotas* (1759).

Einfache Liedstrophe: Vierzeilige Strophe, meistens mit alternierendem Metrum (regelmäßiger Wechsel von Hebung und Senkung) und einfachem Reimschema (Paar- oder Kreuzreim).

Einfluss: Einwirkende Anregung vorangehender ➤Epochen, ➤Autoren oder Werke für die nachfolgenden ➤Epochen, ➤Autoren oder Werke. Der E. äußert sich durch die direkte Bezugnahme auf die Vorlage, etwa bei der Quellenangabe oder beim ➤Zitat, oder indirekt durch die Nachahmung des Vorläufers oder durch die ➤Anspielung auf die Vorlage.

Elegie (griech. *elegeia* ›Gedicht in Distichen‹): ➤Gedicht mit klagendem Grundton. Zum zentralen Gegenstand der E. gehören Trauer, Wehmut, Sehnsucht und Liebe.

> O du loses, leidigliebes Mädchen,
> Sag mir an, womit hab' ich's verschuldet,
> Daß du mich auf diese Folter spannest,
> Daß du dein gegeben Wort gebrochen?
> (Johann Wolfgang Goethe, *Morgenklagen*, 1789)

Ellipse (griech. *elleipsis* ›Auslassung‹): Ein Satz wird unvermittelt abgebrochen und bleibt unvollständig. Oft lässt sich die ausgelassene Aussage aus dem Zusammenhang erschließen. Die E. wirkt hektisch und zeigt i. d. R. eine leidenschaftliche und affektgeladene Sprache an. Vgl. ➤ Aposiopese.

> Mörder, Räuber durch spitzbübische Künste! Angeschwärzt von ihm! verfälscht, unterdrückt meine Briefe – voll Liebe sein Herz – o ich Ungeheuer von einem Toren – voll Liebe sein Vaterherz – oh Schelmerei, Schelmerei!
>
> (Friedrich Schiller, *Die Räuber*, 1781)

Emblem (griech. *emblema* ›Eingefügtes‹): Kombination aus einem allegorischen Bild (*pictura*), einer Überschrift (*inscriptio* ›Motto‹) und einer epigrammatischen Unterschrift (*subscriptio*), die den Bildinhalt erläutert. Das E. wurde bes. im ➤ Barock häufig verwendet.

Empfindsamkeit: Innerhalb der ➤ Aufklärung entstandene kritische literarische Strömung (um 1740–1780). Die E. versteht sich nicht als Gegensatz, sondern als notwendige Ergänzung der einseitig rationalen Betrachtung der Welt durch die Aufklärung.

Als wichtige Grundlage für die E. gilt der Pietismus (individuelle Gotteserfahrung ohne kirchliche Institutionen). Wie die Aufklärung war die E. gegen den Dogmatismus der kirchlichen Lehren ausgerichtet. Doch gegenüber der rationalen Einseitigkeit der Aufklärung zielte die E. auf die Steigerung des Gefühlslebens und der Innigkeit ab. Die ➤ Literatur der E. ist gefühlsbetont. Häufige Themen und Motive sind Liebe, Geselligkeit, Sympathie, Vaterlandsliebe und freundschaftliche Gefühle. Die E. gilt als wichtige Anregung für den ➤ Sturm und Drang.

Friedrich Gottlieb Klopstock, *Der Messias* (1748/73);
Christian Fürchtegott Gellert, *Die zärtlichen Schwestern* (1747);
Sophie von La Roche, *Geschichte des Fräuleins von Sternheim* (1771).

Emphase (griech. *emphasis* ›Verdeutlichung‹): Bewusste Hervorhebung eines Wortes oder Ausdrucks durch phonetische Betonung und/oder exponierte Stellung im Satz.

Hier bin ich Mensch, hier darf ich's sein.
(Johann Wolfgang Goethe, *Faust I*, 1808)

Enjambement (frz., ›Überschreitung‹): Bezeichnung für den Zeilensprung in Gedichten. Die Sinneinheit geht über das Versende hinaus und springt unmittelbar in die nächste Zeile. Dadurch wird der ➤ Vers »gebrochen«. Das E. bildet eine Spannung zwischen Sinnstruktur und Versstruktur. Dadurch wird die inhaltliche Zusammengehörigkeit verstärkt.

Wie herrlich leuchtet
Mir die Natur!
Wie glänzt die Sonne!
Wie lacht die Flur!

Es dringen Blüten
Aus jedem Zweig,
Und tausend Stimmen
Aus dem Gesträuch

Und Freud und Wonne
Aus jeder Brust.
O Erd, o Sonne
O Glück. o Lust!
(Johann Wolfgang Goethe, *Mayfest*, 1775)

Enthüllungsdrama ➤ **Analytisches Drama.**

Entwicklungsroman: Besondere Ausprägung des dt. ➤ Romans, in der das geistig-seelische Reifen einer Person in ständiger Auseinandersetzung mit ihrer Umwelt thematisiert wird. Meist spiegelt der E. das Persönlichkeitsideal einer bestimmten ➤ Epoche wider.

Karl Philipp Moritz, *Anton Reiser* (1785/86/90);
Johann Wolfgang Goethe, *Wilhelm Meisters Lehrjahre* (1795/96);
Robert Musil, *Die Verwirrungen des Zöglings Törleß* (1906).

Epanalepse (griech. *epanalepsis* ›Wiederaufnahme‹): Wiederholung eines Einzelwortes oder einer Wortgruppe am Anfang des Satzes oder des ➤ Verses. Die E. dient der pathetischen Ausdruckssteigerung.

Mein Vater, mein Vater, und siehst du nicht dort
Erlkönigs Töchter am düstern Ort? –
Mein Sohn, mein Sohn, ich seh' es genau
(Johann Wolfgang Goethe, *Erlkönig*, 1782)

Epigramm (griech. *epigramma* ›Aufschrift‹): Kurzes und prägnantes Sinngedicht, das aus einem oder mehreren ➤Distichen besteht. Das E. zeichnet sich durch ➤Witz, ➤Ironie und eine überlegene ➤Pointe aus.

> Mache zum Herrscher sich der, der seinen Vorteil
> verstehet;
> Doch wir wählten uns den, der sich auf unsern versteht.
> (Johann Wolfgang Goethe, *Epigramme* 16, 1790)

Epik (griech. *epikos* ›zum ➤Epos gehörig‹): Eine der drei Grundformen der ➤Literatur neben ➤Lyrik und ➤Dramatik. Sammelbegriff für alle Formen der erzählenden Literatur in ➤Prosa oder Versen. Gattungstypisches Merkmal epischer Literatur ist das Auftreten eines ➤Erzählers, der das Geschehen oder die ➤Handlung vermittelt. Vom Umfang her unterscheidet man ➤epische Großformen und ➤epische Kleinformen.

Epilog (griech. *epilogos* ›Nachrede‹): Schlusswort am Ende eines literarischen Werkes. Der E. eines ➤Dramas ist an das Publikum gerichtet und kann neben der Bitte um Beifall auch dazu dienen, den Zuschauern noch einmal die ➤Intention des Stückes zu erläutern. Ggs. ➤Prolog.

> Wir stehen selbst enttäuscht und sehn betroffen
> Den Vorhang zu und alle Fragen offen.
> (Bertolt Brecht, *Der gute Mensch von Sezuan*, 1943)

Epipher (griech. *epiphora* ›Zugabe‹): Wiederholung des gleichen Wortes oder der gleichen Wortgruppe am Schluss zweier aufeinander folgender Sätze, ➤ Verse oder ➤ Strophen. Die E. dient der Eindringlichkeit der Aussage und ist eine Umkehrung der ➤ Anapher.

> […] Ihr überrascht mich nicht,
> Erschreckt mich nicht.
> (Friedrich Schiller, *Maria Stuart*, 1800)

Epiphrase (griech. *epiphrasis* ›Nachsatz‹): Hinzufügen von weiteren Aussagen an einen bereits abgeschlossenen Satz.

> Mein Retter seid ihr und mein Engel […]!
> (Friedrich Schiller, *Wilhelm Tell*, 1804)

Epische Breite: Schilderung der ➤ Handlung oder des Geschehens in breit ausmalender und detaillierter Erzählweise. Durch Beschreibungen, Kommentare, Rückgriffe und ➤ Vorausdeutungen wird der Leser geleitet.

> In Front des schon seit Kurfürst Georg Wilhelm von der Familie von Briest bewohnten Herrenhauses zu Hohen-Cremmen fiel heller Sonnenschein auf die mittagsstille Dorfstraße, während nach der Park- und Gartenseite hin ein rechtwinklig angebauter Seitenflügel einen breiten Schatten erst auf einen weiß und grün quadrierten Fliesengang und dann über diesen hinaus auf ein großes, in seiner Mitte mit einer Sonnenuhr und an seinem Rande mit Canna indica und Rhabarberstauden besetztes Rondell warf. Einige zwanzig Schritte weiter, in Richtung und Lage genau dem Seitenflügel entsprechend, lief eine ganz in klein-

blättrigem Efeu stehende, nur an einer Stelle von einer kleinen, weiß gestrichenen Eisentür unterbrochene Kirchhofsmauer [...].

(Theodor Fontane, *Effi Briest*, 1894/95)

Epische Großformen: ➤ Gattungen der ➤ Epik, die sich durch einen größeren Umfang von epischen Kleinformen unterscheiden, z. B. ➤ Epen, ➤ Romane und ➤ Novellen. Ggs. ➤ Epische Kleinformen.

Epische Kleinformen: Gattungen der ➤ Epik, die sich durch einen kleineren Umfang von epischen Großformen unterscheiden, z. B. ➤ Sagen, ➤ Legenden, ➤ Märchen, ➤ Fabeln, ➤ Anekdoten, ➤ Parabeln, ➤ Kurzgeschichten. Ggs. ➤ Epische Großformen.

Epischer Bericht: Vermittlung neuer Informationen über Personen oder Sachverhalte in distanzierter Darstellung. Ggs. ➤ szenische Darstellung.

Der Wagen fuhr fort und die Baronesse sah ihm nach; die Tränen standen ihr in den Augen. Sie trat vom Fenster zurück und setzte sich an den Stickrahmen. Die ganze Gesellschaft war still, ja verlegen; besonders äußerte Karl seine Unruhe, indem er, in einer Ecke sitzend, ein Buch durchblätterte und manchmal darüber weg nach seiner Tante sah.

(Johann Wolfgang Goethe, *Unterhaltungen deutscher Ausgewanderten*, 1795)

Episches Präteritum: Das Präteritum als dominierendes Tempus in erzählenden Texten. Es dient nicht nur zur Darstellung von vergangenen Ereignissen, sondern bedient sich mitunter sogar der Zukunftsadverbien, um sich auf die Nachzeitigkeit gegenüber der ➤ erzählten Zeit zu beziehen.

> Aber am Vormittag hatte sie den Baum zu putzen. Morgen war Weihnachten.
> (Käte Hamburger, *Die Logik der Dichtung*, 1957)

Episches Theater: Bezeichnung für die von Bertolt Brecht (1898–1956) in den 1920er Jahren entwickelte Dramenform, die sich als Gegenentwurf zum ➤ aristotelischen Drama versteht. Das e. T. wendet sich gegen die Hauptforderungen des klassischen ➤ Dramas. Wichtig ist, dass der Zuschauer eine kritische Distanz zum gespielten Geschehen entwickelt und zur Reflexion angeregt wird. Zur Überwindung der Illusion im traditionellen Theater bedient sich das e. T. der ➤ Verfremdungseffekte. Im Gegensatz zur klassischen ➤ geschlossenen Form zeichnet es sich durch eine lose Reihung von ➤ Bildern und eine ➤ offene Form aus.

> Bertolt Brecht, *Mutter Courage und ihre Kinder* (1941), *Der gute Mensch von Sezuan* (1943);
> Max Frisch, *Andorra* (1961).

Episode (griech. *epeisodion* ›Einschiebsel‹): In die Haupthandlung eines epischen oder dramatischen Textes eingeschaltete ➤ Nebenhandlung ohne entscheidende Bedeutung für den Fortgang der Haupthandlung. Die E. ist zwar nur locker mit der

Haupthandlung verknüpft, kann aber zu einem besseren Verständnis derselben beitragen.

Die Helfenstein-Szene in Goethes *Götz von Berlichingen* (1773).

Epoche (griech., ›Haltepunkt‹): Bezeichnung für einzelne, mehr oder weniger voneinander abgrenzbare Zeiträume in der Entwicklung der ➤Literatur und Geistesgeschichte. Bei der Epochenzuweisung von Schriftstellern und Werken sowie bei der Abgrenzung von Epochen orientiert man sich in der Regel an gemeinsamen Ideen und gesellschaftlichen Verhältnissen, mit denen sich die ➤Autoren in ihren Werken auseinandersetzen. Allerdings sind solche Ansätze aufgrund zeitlicher Überschneidungen und mitunter uneinheitlicher Epochenbezeichnungen problematisch, da die einzelnen Strömungen nicht immer in einer chronologischen Folge stehen und die Grenzen oft fließend sind. Vgl. ➤Barock, ➤Aufklärung, ➤Empfindsamkeit, ➤Sturm und Drang, ➤Klassik, ➤Romantik, ➤Biedermeier, ➤Vormärz, ➤Realismus, ➤Naturalismus, ➤Fin de Siècle, ➤Expressionismus, ➤Neue Sachlichkeit.

Epos (griech., ›Wort, Erzählung‹): Lange, handlungsreiche ➤ Erzählung in ➤ Versen, also ein Langgedicht. Klassischer Gegenstand des E. sind die Taten der Götter und der ➤ Helden aus den überlieferten ➤ Mythen und ➤ Sagen. Ab dem 17. Jh. wurde das E. als meistverbreitete erzählende Großgattung durch den ➤ Roman abgelöst.

> Homer, *Ilias* und *Odyssee* (um 750 v. Chr.);
> Das *Nibelungenlied* (um 1200);
> Wolfram von Eschenbach, *Parzival* (um 1210).

Erlebnislyrik: Lyrische Texte, in denen der Eindruck unmittelbarer Erlebnisse und die momentanen Empfindungen des lyrischen Sprechers oder ➤ lyrischen Ichs wiedergegeben werden. Allerdings dürfen solche Texte nicht als autobiographische Dokumente missverstanden werden.

> Ach an deinem Busen
> Lieg ich, schmachte,
> Und deine Blumen, dein Gras
> Drängen sich an mein Herz.
> (Johann Wolfgang Goethe, *Ganymed*, 1774)

Erlebte Rede (auch ›freie indirekte Rede‹): Direkte Wiedergabe von Bewusstseinsinhalten im Denken einer handelnden ➤ Figur, jedoch in der 3. Person des Indikativs (i. d. R. im ➤ epischen Präteritum). Dadurch gewinnt der Leser unmittelbaren Einblick in die Gedankenwelt der betreffenden ➤ Figur.

> […] als ihm der Kellner echte ägyptische Zigaretten zum Kauf anbot, nahm er gleich eine ganze Schachtel; <u>es war ja alles egal, schlimmstenfalls vererbte er sie seinem Burschen.</u>
> (Arthur Schnitzler, *Spiel im Morgengrauen*, 1927)

Er/Sie-Form: Erzählform, bei der handelnde und erzählende ➤ Figur nicht identisch sind. Der ➤ Erzähler in der Er/Sie-Form kann ➤ auktorial, ➤ personal oder ➤ neutral auftreten.

Erlebnisdichtung: Literarische Werke, in denen insbesondere persönliche Erlebnisse und Erfahrungen des ➤ Dichters verarbeitet sind. Die E. entstand im 18. Jh. und löste die in der mittelalterlichen und Barockdichtung herrschende Forderung nach Einhaltung der Form- und Stofftradition ab.

> Johann Wolfgang Goethe, *Die Leiden des jungen Werther* (1774);
> Karl Philipp Moritz, *Anton Reiser* (1785/86/90).

Erzähler: Eine vom ➤ Autor erfundene ➤ Figur oder eine nicht näher charakterisierte vermittelnde Instanz, die dem Leser das Geschehen eines epischen Textes aus ihrer Perspektive bzw. durch ihr ›Kamera-Auge‹ vermittelt (vgl. ➤ Erzählperspektive). Der E. ist mit dem ➤ Autor selbst nicht identisch. Er kann in Analogie zum ➤ lyrischen Ich oder lyrischen Sprecher bei ➤ Gedichten gesehen werden. Man unterscheidet zwischen ➤ auktorialem, ➤ personalem und ➤ neutralem Erzähler bzw. Erzählverhalten (auch ›Erzählsituation‹).

Erzählerbericht: Geraffte Darstellung der ➤ Handlung in zeitlicher Abfolge durch den ➤ Erzähler. Der E. kann auch die inneren Vorgänge der handelnden Personen einschließen, vorausgesetzt er verfügt über einen entsprechenden ➤ Erzählerstandpunkt.

Erzählerkommentar: Der ➤ Erzähler greift mit eigenen Erläuterungen des Geschehens oder mit allgemeinen Reflexionen in seinen ➤ Bericht ein und unterbricht ihn damit kurz. Vgl. ➤ auktorialer Erzähler.

Crampas sprach sein Bedauern aus, vielleicht nur, um was zu sagen, vielleicht aber auch aufrichtig, denn so rücksichtslos er im Punkte chevaleresker Liebesabenteuer war, so sehr war er auch wieder guter Kamerad. Natürlich, alles ganz oberflächlich.

(Theodor Fontane, *Effi Briest*, 1894/95)

Erzählerstandpunkt (auch ›Erzählperspektive‹, ›point of view‹): Verhältnis des ➤ Erzählers zum Erzählten im Hinblick auf seine Sichtweise. Man unterscheidet zwischen einem (oft auch zeitlich) distanzierten und daher objektiven Überblick über das Erzählte und einem eher eingeschränkten Blick, der vom Standpunkt einer oder mehrerer an der ➤ Handlung beteiligter Person(en) und/oder von zeitlicher Nähe zum Geschehen geprägt ist. Entsprechend kommen erzählerische ➤ Außensicht und ➤ Innensicht zur Anwendung.

Erzählerwissen: Ausmaß der Kenntnisse des ➤ Erzählers im Hinblick auf die erzählte Handlung: Der Erzähler kann allwissend (auktorial) oder mit begrenzten Kenntnissen (personal) auftreten. Vgl. ➤ Erzählverhalten.

Erzählform: Form, die der ➤ Erzähler wählt. Man unterscheidet die Ich-Form (➤ Ich-Erzähler) und die ➤ Er/Sie-Form, je nachdem, ob der Erzähler von sich erzählt (Ich-Form) oder von einer anderen Person spricht (Er/Sie-Form).

Erzählhaltung: Einstellung (Haltung) des ➤ Erzählers gegenüber der erzählten Welt. Die E. kann affirmativ, distanziert, kritisch, ironisch oder satirisch sein. Wechsel und Überlappungen innerhalb eines Textes sind möglich.

Erzählgedicht ➤ Ballade.

Erzählperspektive ➤ Erzählerstandpunkt.

Erzählsituation ➤ Erzähler.

Erzählte Zeit: Zeitraum, über den sich die erzählte ➤ Handlung eines epischen Werkes erstreckt (Handlungsdauer). Vgl. ➤ Erzählzeit.

> Goethes Briefroman *Die Leiden des jungen Werther* (1774) umgreift einen Zeitraum von etwas mehr als eineinhalb Jahren (Mai 1771 bis Dezember 1772). Bei Thomas Manns Roman *Buddenbrooks* (1901) sind es sogar 42 Jahre.

Erzähltechnik: Summe der Verfahrensweisen, durch die Elemente der (fiktiven oder außerliterarischen) Wirklichkeit wie Orte, ➤ Figuren, Fakten, Äußerungen usw. meist durch Verfremdung und Verkleidung in der ➤ Fiktion verarbeitet werden. Zu den wichtigsten Dimensionen der E. gehören der ➤ Erzählerstandpunkt, die ➤ Zeitstruktur und Raumgestaltung sowie die Rede- und Gedankenwiedergabe.

Erzähltempo: Verhältnis von ➤ erzählter Zeit und ➤ Erzählzeit. Das E. lässt sich beschleunigen (➤ Zeitraffung) oder verzögern (➤ Zeitdehnung).

Erzählung: 1. Jede erzählende ➤ Dichtung von der ➤ Kurzgeschichte bis zum ➤ Roman. 2. ➤ Epische Kurzform, die weder den geschlossenen Aufbau der ➤ Novelle noch die Offenheit der ➤ Kurzgeschichte besitzt. Im Unterschied zu ➤ Märchen,

➤ Sagen und ➤ Legenden hält sich die E. an reale oder erfundene Geschehnisse, jedoch ohne wunderbaren Charakter.

> Arthur Schnitzler, *Lieutenant Gustl* (1900);
> Heinrich Böll, *Dr. Murkes gesammeltes Schweigen* (1955).

Erzählverhalten ➤ **Erzähler.**

Erzählzeit (›Lesezeit‹): Durchschnittliche Zeitspanne, die man zum Lesen oder Vorlesen eines erzählenden Textes braucht (etwa 3–5 Minuten pro Seite). Vgl. ➤ Erzählte Zeit.

Essay (engl., frz. *essai*, ›Versuch‹): Journalistische Textart, bei der sich der ➤ Autor (auch ›Essayist‹ genannt) einem Problem stellt und seine Gedankenexperimente schriftlich festhält. Der Text erhebt keinen Anspruch auf eine genaue und vollständige wissenschaftliche Analyse, sondern soll – oft auch durch provozierende Ansichten – zum Denken anregen. Die hohe Subjektivität der Gedankenführung und die sprachkünstlerische Gestaltung gehören zu den charakteristischen Merkmalen eines E.

Euphemismus (griech. *euphemein* ›Worte mit guter Bedeutung aussprechen‹): Umschreibung eines negativen oder tabuisierten Sachverhaltes durch einen beschönigenden oder verharmlosenden Ausdruck. Dadurch wird die Realität sprachlich entschärft und verschleiert.

> Sein Sohn war gefallen. (Statt: Sein Sohn war im Krieg getötet worden.)
> Wir haben das Unternehmen verschlankt. (Statt: Wir haben Beschäftigte entlassen.)

Exilliteratur: Grundsätzlich alle literarischen Werke, die von Schriftstellern im Exil verfasst sind. Bezogen auf Deutschland: Werke von deutschsprachigen Schriftstellern, die vor allem zwischen 1933 und 1945 unter ➤Zensur oder Berufsverbot standen und schließlich ins Exil gehen mussten. Charakteristisch für die E. sind u. a. die Erfahrung vom Verlust der Heimat, die Ablehnung der in der Heimat herrschenden politischen Verhältnisse (Nazideutschland) oder der ➤inneren Emigration.

Zu den prominenten deutschen Exilautoren gehören u. a. Bertolt Brecht, Alfred Döblin, Hilde Domin, Lion Feuchtwanger, Heinrich, Klaus und Thomas Mann, Erich Maria Remarque, Anna Seghers, Franz Werfel, Arnold Zweig.

Exklamation (lat. *exclamatio* ›Ausruf‹): Ausruf, der aus Schrecken oder Erschütterung meist über die momentane Situation erfolgt.

> O Mutter, Mutter! Hin ist hin.
> (Gottfried August Bürger, *Lenore*, 1773)

Exposition (lat. *expositio* ›Darlegung‹): Funktion der Eingangsszene(n) eines ➤Dramas der klassischen Form: Vorgestellt werden Hauptpersonen, Ort, Zeit und häufig auch die Vorgeschichte des dramatischen ➤Konflikts.

Expressionismus: Zeitlich kurze, aber sehr intensive Strömung in Kunst, Kultur und Literatur etwa zwischen 1910 und 1925. Ziel der expressionistischen Bewegung war es, den Menschen aus den Zwängen der verwalteten und technisierten modernen Welt zu befreien. Als literarische Bewegung zeichnet sich der E.

durch zwei wichtige Tendenzen aus. Vor dem Ersten Weltkrieg überwiegen Forderungen nach Revolution und Krieg, die nach den Erfahrungen des Weltkriegs durch den Protest gegen den Militarismus abgelöst werden. Das literarische Programm des E. ist durch scharfe Kritik am Kapitalismus und am industriellen Fortschritt geprägt. Dadurch wird die Abgrenzung gegenüber dem ➤ Naturalismus sichtbar. Die bürgerliche Moral wird als verlogen abgelehnt. Charakteristisch sind das Zerbrechen der alten Formen, die Ästhetik des Hässlichen und der Versuch, sich von allem zu befreien, was als einengend empfunden wird. Dies führt zur Suche nach neuen Ausdrucksmöglichkeiten, Sprachexperimenten und ➤ Collage. Häufige ➤ Motive der expressionistischen ➤ Literatur sind Weltende, Krieg, Großstadt, Entfremdung und Ich-Dissoziation, Orientierungslosigkeit, Vision vom ›neuen Menschen‹.

Gottfried Benn, *Morgue und andere Gedichte* (1912);
Georg Heym, *Der Gott der Stadt* (1911), *Der Krieg* (1911).

Dem Bürger fliegt vom spitzen Kopf der Hut,
In allen Lüften hallt es wie Geschrei.
Dachdecker stürzen ab und gehn entzwei
Und an den Küsten – liest man – steigt die Flut.

Der Sturm ist da, die wilden Meere hupfen
An Land, um dicke Dämme zu zerdrücken.
Die meisten Menschen haben einen Schnupfen.
Die Eisenbahnen fallen von den Brücken.

(Jakob van Hoddis, *Weltende*, 1911)

F

Fabel (lat. *fabula* ›Erzählung‹): 1. Handlungsgerüst eines epischen oder dramatischen Werkes, das bereits dessen zentrale ➤Motive und die ➤Intention erkennen lässt. Synonym für ➤›Plot‹ (➤Handlung). 2. ➤Gattung der lehrhaften ➤Dichtung, in der meist Tiere (gelegentlich auch Pflanzen) mit menschlichen Charaktereigenschaften auftreten (vgl. ➤Personifikation). Durch die Verlegung ins Tierreich wird dem Menschen auf anschauliche und zugleich distanzierte Weise ein Spiegel vorgehalten, meist in der Absicht, bestimmte Typen oder Verhaltensweisen zu kritisieren.

Faktuales Erzählen: Bezeichnung für authentische Reden in mündlicher oder schriftlicher Form, die von einem realen Sprecher geäußert werden und auf Fakten basieren. F. E. hat einen hohen Wirklichkeitsanspruch und zeichnet sich im Idealfall durch eine sachlich-objektive Darstellung von überprüfbaren Tatsachen oder von realen Ereignissen bzw. Vorgängen aus. Zu den wichtigsten faktualen Texten zählen u. a. Zeitungsberichte, Wissenschaftstexte, Biographien und Lexikonartikel. Die Unterscheidung zwischen faktualem und fiktionalem Erzählen gilt jedoch in der modernen Erzähltheorie als unscharf, da sich f. E. durchaus auch narrativer Modelle und Techniken bedient; andererseits werden in zahlreichen Erzähltexten Elemente aus der Wirklichkeit und der Fiktion vermischt. (➤Fiktionale Literatur).

Falkentheorie: Von Paul Heyse (1830–1914) entwickelte Theorie, welche besagt, dass jede ➤Novelle einen zentralen Gegenstand (➤Dingsymbol) als ➤Leitmotiv haben müsse. Zur Veranschaulichung dient die 9. ➤Novelle des 5. Tages in Boccaccios *Decameron*, in der ein verarmter Mann die Liebe zu seiner Angebeteten dadurch gewinnt, dass er ihr das ihm verbliebene Lieblingstier, einen Falken, opfert und als Speise vorsetzt.

Fallende Handlung: Handlungsabschnitt im Aufbau eines ➤ Dramas, der auf den ➤ Höhepunkt folgt und das Geschehen in einer ›abfallenden‹ Spannungslinie auf die ➤ Katastrophe im fünften ➤ Akt zuführt. Vgl. ➤ Freytag-Pyramide.

Fallhöhe: In der Dramentheorie des 17. und 18. Jh.s herrschende Annahme, dass der tragische Fall eines ➤ Helden von den Zuschauern umso tiefer empfunden werde, je höher sein sozialer Stand sei (König, Adeliger). Die F. lieferte die Rechtfertigung für die ➤ Ständeklausel, die erst mit dem ➤ bürgerlichen Trauerspiel überwunden wurde.

Faustdichtung: Die vielfachen literarischen Bearbeitungen der Lebensgeschichte Johannes Fausts (1480–1536/40), eines sagenumwobenen deutschen Arztes, Astrologen und Schwarzkünstlers, dessen plötzlicher Tod die Grundlage für den Faststoff bildete. Kern dieses ➤ Stoffes ist die ➤ Sage, Faust sei vom Teufel geholt worden. Daraus entstand bereits 1587 das berühmte ➤ Volksbuch, auf das zahlreiche Faustbücher folgen sollten. Von Christopher Marlowe stammt das älteste Faustdrama *Doctor Faustus* (ca. 1592) mit dem berühmten nächtlichen ➤ Monolog Fausts über die einzelnen Universitätswissenschaften, der von fast allen späteren F. übernommen wurde. Goethes *Faust* (Endfassung Tl. I: 1808, Tl. II: 1832) gilt als die bedeutendste F. im 19. Jh. Die Bearbeitung von ➤ Motiven des Faststoffes reicht bis ins 20. Jh. hinein. Vgl. Thomas Mann, *Doktor Faustus* (1947).

Feature (engl., ›Sonderbeitrag‹): Journalistische Textart aus dem Hörfunksektor, in der ein bestimmtes ➤Thema unter Einbeziehung fremder Stimmen (Zitate, Dokumente, Berichte usw.) abwechslungsreich aufgearbeitet und illustriert wird. Das F. folgt nicht den strengen Regeln und Prinzipien journalistischer Textsorten, sondern zeichnet sich durch einen ständigen Wechsel zwischen Fakten, Fremdbeiträgen und Beobachtungen des Verfassers aus.

Fernsehspiel: Speziell für das Fernsehen verfasstes Stück, das auf Theater- und Filmelemente zurückgreift.

Figur (lat. *figura* ›Gestalt, Gebilde‹): 1. Fiktive Person, die in einem epischen oder dramatischen Werk als Handlungsträger auftritt. Je nach ihrer Bedeutung für die ➤Handlung unterscheidet man zwischen ➤Hauptfiguren und ➤Nebenfiguren. 2. Bezeichnung für rhetorische und stilistische Ausdrucksmittel, mit denen eine bestimmte Wirkung im Text erzeugt wird. Vgl. ➤rhetorische Figuren.

Figura etymologica (lat., ›etymologische Wortfigur‹): Wiederholung der Wortwurzel in verschiedenen Wortarten. Die F. e. hat Wortspielcharakter und dient der Ausdruckssteigerung.

> Gar schöne Spiele spiel' ich mit dir
> (Johann Wolfgang Goethe, *Erlkönig*, 1782)

Figurendrama (auch ›Charakterdrama‹): Dramenform, in der vor allem die charakterlichen Anlagen des ➤Protagonisten seinen ➤Konflikt mit seinem Umfeld begründen. Ggs. ➤Handlungsdrama.

Johann Wolfgang Goethe, *Götz von Berlichingen* (1773); Heinrich von Kleist, *Prinz Friedrich von Homburg* (1821).

Figurengedicht ➤ **Bilderlyrik.**

Figurenkonstellation: Status, Haltungen, Verhaltensweisen und Beziehungen der ➤ Figuren eines epischen oder dramatischen Werkes zueinander. Die F. ist nicht statisch, sondern dynamisch, weil sich das Beziehungsgeflecht innerhalb eines Werkes verändert.

Figurenkonstellation am Beispiel von Johann Wolfgang Goethes Drama Iphigenie auf Tauris (1780)

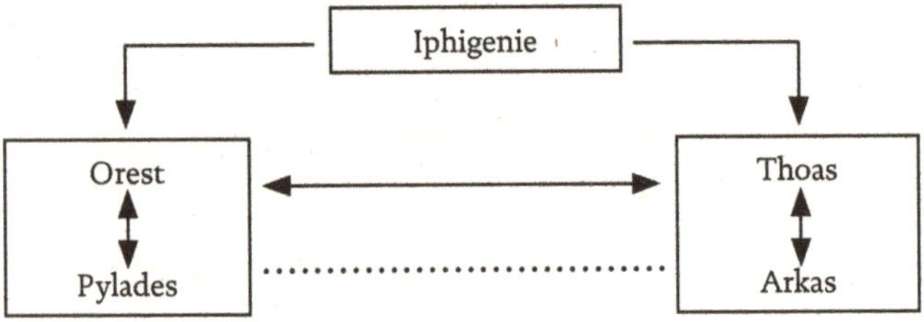

Erläuterung zum Schaubild: Die Titelfigur Iphigenie nimmt eine zentrale Stellung ein, während Orest und Thoas als Antagonisten fungieren, weil sie konträre Absichten gegenüber Iphigenie haben. Somit steht diese im Zentrum des Konfliktes, den sie lösen muss. Eine beigeordnete Funktion fällt Pylades und Arkas zu, da sie Orest bzw. Thoas als Vertraute zur Seite stehen und als ihre Berater fungieren.

Figurenrede (auch ›Personenrede‹): Die Form, in der literarische ➤ Figuren kommunizieren. Die F. umfasst sowohl ➤ Dialoge und ➤ Monologe als auch die ➤ direkte, ➤ indirekte und ➤ erlebte Rede sowie den ➤ Bewusstseinsstrom.

Fiktion (lat. *fictio* ›Erdichtung‹): Der Umstand, dass die in literarischen Werken dargestellte Welt vorgetäuscht ist. Sie ist erfunden, d. h., sie existiert nur in der Vorstellung (Imagination) ihres Schöpfers (➤ Autor). Doch die F. dient oft als Mittel dazu, der Gesellschaft den Spiegel vorzuhalten und auf eine Änderung der Missstände in der Wirklichkeit zu drängen.

Fiktionale Literatur: Bezeichnung für literarische Texte aller ➤ Gattungen, die ausschließlich der Vorstellungskraft des Verfassers entsprungen sind. Im Unterschied zu Sachtexten entzieht sich die f. L. der Überprüfung an der Realität; sie hat aber insofern einen Wirklichkeitsbezug, da das fiktive Geschehen sich in einer historischen und gesellschaftlichen Realität abspielt.

Fin de Siècle (frz., ›Ende des Jahrhunderts‹): Auf verschiedene literarische Strömungen und Tendenzen um die Jahrhundertwende (etwa 1890 bis 1914) bezogener Begriff: Dekadenzdichtung, ➤ Symbolismus und ➤ Impressionismus. Ihr gemeinsamer Nenner ist die Opposition gegen den ➤ Naturalismus.

Die Wende vom 19. ins 20. Jh. ist geprägt durch das Bewusstsein der ➤ Décadence als Ausdruck von Verfall und Niedergang am Ende einer ➤ Epoche. Diese Zäsur findet vor allem in antinaturalistischen Tendenzen ihren Niederschlag. Charakteristisch ist die Erkenntnis von der Selbstentfremdung des Menschen, seiner Abhängigkeit von äußeren und inneren Faktoren sowie der Brüchigkeit seiner Identität.

Programmatisch für die Literatur des F. d. S. ist der Verzicht auf die Darstellung eines geschlossenen Weltbildes. Prägend dabei sind die Abkehr von politischen und sozialen Fragen und die Hinwendung zur Darstellung der Abgründe menschlicher Existenz, zu denen Entfremdung, Armut und Krankheit gehören.

Arthur Schnitzler, *Lieutenant Gustl* (1900);
Christian Morgenstern, *Galgenlieder* (1905);
Stefan George, *Der Stern des Bundes* (1914);
Heinrich Mann, *Professor Unrat* (1905).

Flickvers: Ein inhaltlich überflüssiger ➤ Vers, der nur zum Füllen einer Strophe eingefügt ist.

Fokalisierung: Bezeichnung für den Blickwinkel, aus dem die erzählte Handlung, d. h. die narrativen Informationen, in einem fiktionalen Text vermittelt werden. Der Narratologe Gérard Genette unterscheidet drei Fokalisierungstypen: *Null*-F.: Der Erzähler überschaut das gesamte Geschehen und hat einen großen Wissensvorsprung gegenüber den Figuren. *Interne* F.: Erzähler und Figuren haben annähernd den gleichen Wissensstand. *Externe* F.: Der Erzähler teilt weniger mit als die Figuren wissen.

Form (lat. *forma* ›Gestalt‹): Die äußere Gestalt eines literarischen Werks. Die F. ist meist gattungsabhängig, sie bezieht aber auch das ➤ Metrum, die ➤ Struktur und den ➤ Stil mit ein. Seit der ➤ Klassik herrscht die Ansicht vor, dass F. und Inhalt aufeinander bezogen sind. Das muss bei der ➤ Analyse und ➤ Interpretation unbedingt berücksichtigt werden. Ggs. ➤ Gehalt.

Fragment (lat. *fragmentum* ›Bruchstück‹): Unvollständig überliefertes oder unvollendet gebliebenes literarisches Werk. In der ➤ Romantik auch eine absichtlich gewählte ➤ Form.

> Novalis, *Heinrich von Ofterdingen* (1802);
> Georg Büchner, *Woyzeck* (1836/37).

Freie indirekte Rede ➤ Erlebte Rede.

Freie Rhythmen: Reimlose, metrisch ungebundene Verszeilen unterschiedlicher Länge. Doch wie der Name sagt, gibt es einen bestimmten ➤ Rhythmus. F. R. kommen als Ausdruck für die Befreiung von starren Regeln und einer unmittelbaren, emotionalen Sprache häufig in ➤ Gedichten des ➤ Sturm und Drang vor.

> Bedecke deinen Himmel, Zeus,
> Mit Wolkendunst
> Und übe dem Knaben gleich,
> Der Disteln köpft,
> An Eichen dich und Bergeshöhn;
> (Johann Wolfgang Goethe, *Prometheus*, 1785)

Freie Verse: Meist jambische oder trochäische ➤ Verse verschiedener Länge und mit oder ohne feste Strophenform. F. V. wurden in der dt. ➤ Literatur vor allem in der ➤ Lyrik des ➤ Expressionismus häufig verwendet.

Was sucht ihr, mächtig und gelind,
Ihr Himmelstöne, mich am Staube?
Klingt dort umher, wo weiche Menschen sind.
Die Botschaft hör ich wohl, allein mir fehlt der Glaube.
(Johann Wolfgang Goethe, *Faust I*, 1808)

Freytag-Pyramide: Nach dem Literaturwissenschaftler Gustav Freytag (1816–1895) benannte, vereinfachende Darstellung des klassischen ➤ Dramas. Freytag fasste die ➤ Struktur des Dramas in Form einer Pyramide zusammen und gliederte dessen ➤ Handlung in fünf Abschnitte:

Freytag-Pyramide

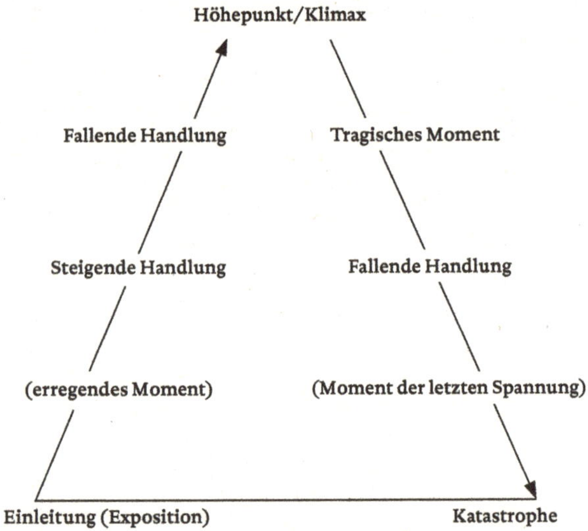

Nach: Gustav Freytag, *Die Technik des Dramas*, Leipzig 1863

Fünfaktschema: Häufige Aufbauform des klassischen ➤ Dramas (➤ geschlossene Form). Dabei verteilt sich die ➤ Handlung auf fünf ➤ Akte, die jeweils folgende Funktionen haben: 1. Akt = ➤ Exposition: Eingangsszene eines Dramas. Grundlagen des dramatischen Konflikts (erregendes Moment). 2. Akt = Steigerung: Sich steigernde Verschärfung des dramatischen Konflikts. 3. Akt = ➤ Peripetie: Höhepunkt der dramatischen Entwicklung. Unerwartete Wendung im Schicksal des Helden. 4. Akt = ➤ Retardierendes Moment: Erhöhung der Spannung durch Verzögerung der Handlungsentwicklung. 5. Akt = ➤ Katastrophe oder Konfliktlösung: Untergang des Helden oder die untragische Lösung.

Friedrich Schiller, *Kabale und Liebe* (1784):
1. Akt (Exposition): Ferdinand, der Sohn des Präsidenten von Walter, verliebt sich in Luise, die Tochter des Hofmusikers Miller. Präsident von Walter will jedoch, dass sein Sohn Lady Milford heiratet.
2. Akt (Steigerung): Präsident von Walter und sein Sekretär Wurm, der selbst Luise heiraten möchte, wollen Luise und Ferdinand durch eine Intrige auseinanderbringen.
3. Akt (Peripetie/Höhepunkt): Wurm erpresst Luise, einen falschen Liebesbrief an den Hofmarschall von Kalb zu verfassen. Der Brief wird Ferdinand zugespielt.
4. Akt (Retardierendes Moment): Die Intrige wird vom Hofmarschall aufgedeckt. Lady Milford verzichtet auf Ferdinand und verlässt das Land.
5. Akt (Katastrophe): Aus Eifersucht tötet Ferdinand zuerst Luise und anschließend sich selbst. Kurz vor seinem Tod entlarvt er seinen Vater und dessen Sekretär Wurm als Verbrecher. Beide werden schließlich verhaftet.

G

Gattung: Oberbegriff für die drei literarischen Grundformen ➤ Lyrik (Gedichte), ➤ Epik (Erzählwerke) und ➤ Drama (Bühnenstücke). Auch die besonderen Ausprägungen innerhalb dieser drei Grundformen werden als G. bezeichnet. Für die Einteilung gelten formale und inhaltliche Kriterien. Gattungsbezeichnungen sind nicht immer trennscharf.

- **Drama**
  - Tragödie
  - Komödie
  - Tragikomödie
- **Epik**
  - Epos
  - Roman
  - Novelle

  - Parabel
  - Kalendergeschichte
  - Kurzgeschichte
- **Lyrik**
  - Gedicht
  - Ballade
  - Lied

Literarische Gattungen (Grundformen)

Gebrauchslyrik: Bezeichnung für ➤ Gedichte, die als Gelegenheitsdichtung zu einem bestimmten Zweck (Gebet, Albumvers, Propaganda, Werbung usw.) verfasst sind.

Gebundene Rede: Besonders kunstvolle und durch den Gebrauch von ➤ Metrum, ➤ Reim, ➤ Rhythmus, ➤ Strophe usw. erhöhte Sprachgestaltung, die sich von der ungebundenen Sprache der ➤ Prosa abhebt. Die g. R. ist ein wesentliches Merkmal der ➤ Lyrik.

Gedankenbericht: Der ➤ Erzähler berichtet davon, was die ➤ Figuren denken und empfinden. Dadurch wird eine ➤ Innensicht vermittelt. Vgl. ➤ auktionaler Erzähler.

Gedankenlyrik (auch ›Ideenlyrik‹): Form der ➤ Lyrik, die im Unterschied zur ➤ Erlebnislyrik mehr oder weniger theoretische, philosophische, religiöse oder auch weltanschauliche Überlegungen zum Ausdruck bringt.

> Ewigklar und spiegelrein und eben
> Fließt das zephyrleichte Leben
> Im Olymp den Seligen dahin.
> Monde wechseln, und Geschlechter fliehen;
> Ihrer Götterjugend Rosen blühen
> Wandellos im ewigen Ruin.
> Zwischen Sinnenglück und Seelenfrieden
> Bleibt dem Menschen nur die bange Wahl;
> Auf der Stirn des hohen Uraniden
> Leuchtet ihr vermählter Strahl.
>
> (Friedrich Schiller, *Das Ideal und das Leben*, 1795)

Gedankenrede: Form der ➤Figurenrede, bei der nur Gedachtes wie direkte Rede wiedergegeben wird. Mit der G. gewinnt der Leser direkten Einblick in die Gedanken einer ➤Figur.

> Um Himmelswillen, ich darf mich nicht verraten … ich möcht' ja schreien … ich möcht' ja lachen … ich möcht' ja dem Rudolf ein Bussel geben … Aber ich muss ihn noch was fragen! … Vom Schlag getroffen werden, heißt noch nicht: tot sein … ich muss fragen, ob er tot ist …
>
> (Arthur Schnitzler, *Lieutenant Gustl*, 1900)

Gedankenzitat: In direkter Rede dargestellte kürzere Gedanken einer ➤Figur. Das G. wird durch ein *verbum dicendi* oder *credendi* eingeleitet (›er/sie glaubte/dachte/meinte/sagte‹).

> […] und weil sie dachte »er ist gescheit und wohl erfahren, und gilt viel in der Welt«, so sprach sie ihm freundlich zu. »Guten Tag, lieber Herr Fuchs, wie gehts? wie stehts? […]«
>
> (Brüder Grimm, *Kinder- und Hausmärchen*, 1819)

Gedicht: Text der ➤Gattung ➤Lyrik. Inhaltlich ist das G. durch die Konzentration und Intensität der Sprache gekennzeichnet. Das G. fällt formal durch sein Erscheinungsbild auf: Es besteht aus ➤Versen, die sich aus betonten und unbetonten Silben zusammensetzen und somit den ➤Rhythmus bestimmen. Weitere wichtige Merkmale sind ➤Strophen, ➤Metrum, bildhafte Ausdrucksweise, ➤Motive sowie das Auftreten eines lyrischen Sprechers (meist eines ➤lyrischen Ich). Diese Merkmale kommen nicht immer komplett in jedem G. vor. Weitere Erscheinungsformen des G. sind das ➤Prosagedicht und das ➤dramatische Gedicht.

Gehalt (auch ›Inhalt‹): Geistiger Inhalt und gleichsam intellektuelles Potenzial eines literarischen Werkes (Ideen, Probleme, Lebensanschauung etc.); gilt als individueller Beitrag eines ➤Autors zu einer bestimmten menschlichen Frage. Ggs. ➤Form.

Genie (frz., ›Geist, Wesensart‹): Durch die ➤Dichter des ➤Sturm und Drang entwickelte Auffassung, dass der einzelne Künstler über eine angeborene Schöpferkraft verfügt und durch seine unverfälschte Originalität einen privilegierten Wahrheitszugang beanspruchen kann. Dieses Konzept leitete die Abkehr von der Regelpoetik ein und hatte große Auswirkungen auf Form, Inhalt und sprachliche Gestaltung der ➤Literatur.

> Johann Wolfgang Goethe, *Prometheus* (1785);
> Friedrich Schiller, *Die Räuber* (1781).

Geniezeit ➤ Sturm und Drang.

Geschichtsdrama (auch ›historisches Drama‹): Dramenform, die historische Personen und Ereignisse zum Gegenstand hat. Obwohl ihre wahrheitsgetreue Darstellung eine wesentliche Rolle spielt, liefert das G. keine historischen Fakten, sondern einen literarischen Deutungsversuch durch den Dramatiker. Deshalb können unbekannte Personen und Nebenhandlungen durchaus fiktiv sein.

Johann Wolfgang Goethe, *Götz von Berlichingen* (1773);
Friedrich Schiller, *Maria Stuart* (1800);
Heinrich von Kleist, *Prinz Friedrich von Homburg* (1821);
Georg Büchner, *Dantons Tod* (1835).

Geschlossene Form des Dramas: Die in sich zusammenhängende, unter Wahrung der ➤ drei Einheiten weitgehend organische Aufbauform des klassischen ➤ Dramas. Die ➤ Handlung entwickelt sich dabei in der Abfolge von ➤ Exposition, ➤ Peripetie, ➤ Katastrophe (vgl. ➤ Dreiaktschema) oder in der erweiterten Vorstellung (vgl. ➤ Fünfaktschema): ➤ Exposition, ➤ Steigerung, ➤ Klimax, ➤ Peripetie (➤ fallende Handlung mit ➤ retardierendem Moment) und ➤ Katastrophe oder Lösung.

Johann Wolfgang Goethe, *Iphigenie auf Tauris* (1787);
Friedrich Schiller, *Maria Stuart* (1800).

Gleichnis: Erweiterter ➤ Vergleich, der häufig mit der ➤ Parabel verwechselt wird. Beim G. ersetzt das ➤ Bild nicht die gemeinte Sache (vgl. Parabel), sondern es tritt neben sie. Die bekanntesten G. finden sich in der Bibel.

Glosse (griech. *glossa* ›Zunge, Sprache‹): Journalistische Textart, die mit den Mitteln der ➤ Ironie, der ➤ Satire, der Übertreibung und des Spotts ein aktuelles gesellschaftliches, politisches oder kulturelles Ereignis kurz und pointiert kommentiert. G. erscheinen oft als ➤ Kolumne.

Streiflicht in der Süddeutschen Zeitung;
Zwiebelfisch im Spiegel-Magazin.

Großstadtlyrik: Besonders im ➤ Expressionismus entstandene Gedichte, die sich mit den bedrohlichen Aspekten der modernen Großstadt (Anonymität, Naturzerstörung, Hektik u. a.) befassen.

Alfred Wolfenstein, *Städter* (1914);
Georg Heym, *Der Gott der Stadt* (1910).

Groteske (ital. *grottesco* ›zu antiken Grotten mit wunderlich-verschnörkelter Verzierung gehörend‹): Verzerrte, oft derb-komische oder humorvolle Darstellung, die allgemeine Orientierungslosigkeit und das Auseinanderfallen der modernen Welt anzeigt. Durch die Verbindung von scheinbar Unvereinbarem legt die G. Missstände frei und erfüllt damit eine belehrende oder warnende Funktion.

Franz Kafka, *Die Verwandlung* (1915), *Der Process* (1925);
Friedrich Dürrenmatt, *Der Besuch der alten Dame* (1956), *Die Physiker* (1962);
Max Frisch, *Biedermann und die Brandstifter* (1956).

H

Haiku (jap., ›lustiger Vers‹): ➤ Gattung japanischer Kurzlyrik mit Gedichten aus drei Versen zu 5, 7 und 5 Silben. Trotz spielerischen Charakters und knapper Form werden Tiefe des Gegenstandes und ein treffender lakonischer Ausdruck erreicht.

Hakenstil: Folge von ➤ Enjambements. Durch die übergreifenden Satzbögen erscheinen die Verszeilen verhakt. Ggs. ➤ Zeilenstil.

> Lieber durch Leiden
> Möcht ich mich schlagen,
> Als so viel Freuden
> Des Lebens ertragen.
> (Johann Wolfang Goethe, *Rastlose Liebe*, 1827)

Handlung: Zeitliche Abfolge aller Ereignisse, die bestimmte ➤ Figuren in einem epischen oder dramatischen Werk an einem oder mehreren Schauplätzen entweder verursachen oder erleben. Anders als das Geschehen, das unabhängig von einer Wirkung durch Menschen ablaufen kann, wird die H. immer von Menschen bzw. Figuren ausgelöst und vorangetrieben. Man unterscheidet: 1. äußere H.: Der ➤ Erzähler berichtet über den Ablauf konkret sichtbarer Vorgänge. 2. innere H.: Der Erzähler berichtet über die seelisch-gedanklichen Vorgänge einer Figur.

Handlungsdrama: ➤ Drama, in dem äußere Ereignisse und Gegebenheiten die treibenden Kräfte der Handlung bilden. Besonders in Dramen mit sozialkritischer Ausrichtung wird das

Handeln der ➤ Figuren als Konsequenz aus den herrschenden gesellschaftlichen Zuständen dargestellt. Ggs. ➤ Charakterdrama.

> Gerhart Hauptmann, *Die Weber* (1892).

Handlungsschema (auch ›Handlungsstruktur‹): Grundriss der ➤ Handlung einer ➤ Erzählung. Das H. bildet die ➤ Struktur der Erzählung ab.

Hauptfigur: Bezeichnung für die ➤ Figur, die in allen Handlungssträngen eines epischen oder dramatischen Textes die wichtigste Rolle spielt. Wird die H. bereits im Titel genannt, spricht man von Titelfigur.

> Faust, Maria Stuart, Effi Briest, Mathilde Möhring, Woyzeck.

Haupttext: Textteil des ➤ Dramas, der von den Schauspielern bzw. den ➤ Figuren gesprochen wird. Der H. umfasst handlungsbestimmende Elemente, insbesondere ➤ Dialoge und ➤ Monologe. Ggs. ➤ Nebentext.

Hebung: Betonte Silbe (–) in einem ➤ Vers. Jeder ➤ Vers weist eine Abfolge von H. und ➤ Senkungen (◡) auf. Dadurch wird der ➤ Rhythmus bestimmt. Die Anzahl und Folge von H. und Senkungen werden durch das jeweilige ➤ Metrum geregelt. Ggs. ➤ Senkung.

Held: Zum Vorbild stilisierte ➤ Figur, deren Verhalten normale menschliche Fähigkeiten übersteigt. ➤ Hauptfiguren bzw. ➤ Protagonisten in literarischen Werken werden oft fälschlicherweise als H. bezeichnet. Eine solche Verwechslung sollte vermieden werden, denn Hauptfiguren und Protagonisten sind wertneutral, H. dagegen nicht. Ggs. ➤ Antiheld.

Siegfried (*Nibelungenlied*); Odysseus (*Odyssee*).

Hendiadyoin (griech., ›eins durch zwei‹): Seltene ➤ rhetorische Figur, bei der ein als Einheit gedachter Begriff (z. B. »wir opfern aus goldenen Schalen«) in zwei parallel angeordnete Begriffe aufgespalten wird (»wir opfern aus Gold und aus Schalen«). Das H. dient der starken poetischen Stilisierung.

Heterodiegetischer Erzähler: Der Erzähler ist kein Teil des Figurenensembles und nicht am Geschehen beteiligt. Dementsprechend gibt es in einer heterodiegetischen Erzählung keine erlebende, sondern nur eine erzählende, oftmals weder sicht- noch genau fassbare Erzählinstanz. In nahezu allen Gattungen der erzählenden Literatur kann dieser Erzählertypus auftreten, am häufigsten jedoch kommt er in Märchen vor. Ggs. ➤ homodiegetischer Erzähler, ➤ autodiegetischer Erzähler.

Hexameter (griech. *hex* ›sechs‹, *metron* ›Maß‹): Sechsfüßiger ➤ Daktylus antiker Herkunft. Während die vier ersten ➤ Versfüße durch Spondeen (aus zwei Längen bestehender antiker Versfuß) ersetzt werden können, bleibt der letzte Daktylus unvollständig. Die Paarung von H. und ➤ Pentameter bildet das ➤ Distichon. Der H. hat folgendes Schema: — ◡ ◡ — ◡ ◡ — ◡ ◡ — ◡ ◡ — ◡ ◡ — ◡.

Hörspiel: Mit der Erfindung des Hörfunks verknüpfte Sonderform des ➤Dramas. Das H. ist zwar durch die Abhängigkeit von akustischen Mitteln beschränkter als ein Bühnenspiel, es kann sich aber auch verschiedener technischer Möglichkeiten (Ein- und Ausblendungen sowie ➤Montage und Klangeffekte) bedienen.

Homodiegetische Erzähler: Der Erzähler gehört zu den Figuren der erzählten Welt und ist am Geschehen beteiligt. Folglich tritt er zugleich als erzählendes und als erlebendes bzw. erzähltes Ich in Erscheinung. Ein Beispiel für einen h. E., der nicht zugleich die ➤Hauptfigur der Erzählung ist (= ➤autodiegetischer Erzähler als Sonderform), ist Dr. Watson in den Sherlock-Holmes-Erzählungen von Arthur Conan Doyle. Ggs. ➤heterodiegetischer Erzähler.

Humanismus ➤ Renaissance.

Hymne (griech. *hymnos* ›Preisgesang‹): Gedichtform mit bes. feierlichem oder beschwörendem Grundton. In ➤ Form und ➤ Metrik ist die H. freier als die ➤ Ode.

Johann Wolfgang Goethe, *Mahomets Gesang* (1789), *Ganymed* (1774); Novalis, *Hymnen an die Nacht* (1800).

Wie im Morgenglanze
Du rings mich anglühst
Frühling Geliebter!
Mit tausendfacher Liebeswonne
Sich an mein Herz drängt
Deiner ewigen Wärme
Heilig Gefühl,
Unendliche Schöne!

(Johann Wolfgang Goethe, *Ganymed*, 1774)

Hyperbaton (griech., ›Überschrittenes‹): Trennung grammatisch zusammengehöriger Wörter durch ein anderes Wort. Diese künstliche Sperrung verleiht dem Satz eine innere Spannung.

> Wohlgenährt alle und glänzend
> (Heinrich von Kleist, *Michael Kohlhaas*, 1810)

Hyperbel (griech. *hyperbole* ›Übertreibung‹): Eine extreme – und daher unglaubwürdige – Übertreibung. Die H. dient der rhetorischen Intensivierung der Aussage.

> Himmelhoch jauchzend,
> Zum Tode betrübt
> (Johann Wolfgang Goethe, *Egmont*, 1788)

> Ich will dich retten, kost' es tausend Leben
> (Friedrich Schiller, *Maria Stuart*, 1800)

Hypotaxe (griech. *hypotaxis* ›Unterordnung‹): Form der sprachlichen Darstellung, in der hierarchische Satzgefüge aus Haupt- und Nebensätzen dominieren. Die H. eignet sich für die Schilderung komplexer Sachverhalte, da sie sachlogische Verhältnisse aufschlüsselt. Durch die Verlangsamung der Lesegeschwindigkeit wird die Aufmerksamkeit erhöht. Ggs. ➤ Parataxe.

Am Fuße der Alpen bei Locarno im oberen Italien befand sich ein altes, einem Marchese gehöriges Schloss, das man jetzt, wenn man vom St. Gotthard kommt, in Schutt und Trümmern liegen sieht: ein Schloss mit hohen und weitläufigen Zimmern, in deren einem einst auf Stroh, das man ihr unterschüttete, eine alte kranke Frau, die sich bettelnd vor der Tür eingefunden hatte, von der Hausfrau aus Mitleiden gebettet worden war.

(Heinrich von Kleist, *Das Bettelweib von Locarno*, 1810)

Hysteron proteron (griech., ›das Spätere als Früheres‹): Verkehrung der zeitlichen oder logischen Abfolge des Geschehensablaufs in der sprachlichen Darstellung. Der spätere Vorgang, der vor dem früheren steht, wird hervorgehoben.

Ihr Mann ist tot und lässt Sie grüßen.

(Johann Wolfgang Goethe, *Faust I*, 1808)

I

Ich-Erzähler: Der ➤ Erzähler spricht in der 1. Person Singular und ist in das Geschehen verwickelt. Er gibt aus seiner subjektiven Sicht Gedanken oder Erlebnisse preis und schildert auf diese Weise die ➤ Handlung. Der Ich-Erzähler ist eine fiktive Gestalt; er darf deshalb mit dem ➤ Autor nicht gleichgesetzt werden.

> Das Rad an meines Vaters Mühle brauste und rauschte schon wieder recht lustig, der Schnee tröpfelte emsig vom Dache, die Sperlinge zwitscherten und tummelten sich dazwischen; ich saß auf der Türschwelle und wischte mir den Schlaf aus den Augen, mir war so recht wohl in dem Sonnenscheine.
>
> (Joseph von Eichendorff, *Aus dem Leben eines Taugenichts*, 1826)

Ideendrama: ➤ Drama, bei dem die dargestellte ➤ Handlung, die Charakterisierung der ➤ Figuren und der ➤ Stoff hauptsächlich einer übergeordneten Leitidee dienen, die Allgemeingültigkeit beansprucht.

> Die Idee der Toleranz in Lessings Drama *Nathan der Weise* (1779).

Ideenlyrik ➤ Gedankenlyrik.

Impressionismus (lat. *impressio* ›Eindruck‹): Bezeichnung für eine Stilrichtung der ➤ Literatur und Kunst (etwa 1890–1910), die sich als Abwendung vom ➤ Naturalismus versteht. Programmatisch für die impressionistische Literatur ist der Versuch, augenblickliche Sinneseindrücke, Stimmungen und Seelenzustände sehr genau wiederzugeben. Das wahrnehmende Subjekt und das wahrgenommene Objekt, das Ich und die Welt, gehen ineinander auf. Diese Konzentration auf die Darstellung subjektiver Erlebnisse und Wahrnehmungen führt zur Vernachlässigung gesellschaftlicher und politischer Fragen. Häufige Techniken des I. sind: ➤ erlebte Rede, ➤ innerer Monolog, ➤ Lautmalerei und ➤ Synästhesie, ➤ Parataxe, ➤ Bewusstseinsstrom, ➤ Sekundenstil.

Hugo von Hofmannsthal, *Chandos-Brief* (1902);
Arthur Schnitzler, *Komödie der Worte* (1915).

Mein Geist zwang mich, alle Dinge, die in einem [...] Gespräch vorkamen, in einer unheimlichen Nähe zu sehen [...]. Es gelang mir nicht mehr, sie mit dem vereinfachenden Blick der Gewohnheit zu erfassen. Es zerfiel mir alles in Teile, die Teile wieder in Teile, und nichts mehr ließ sich mit einem Begriff umspannen. Die einzelnen Worte schwammen um mich.

(Hugo von Hofmannsthal, *Chandos-Brief*, 1902)

Indirekte Rede: Darbietungsform der ➤ Figurenrede, bei der die Äußerungen und Gedanken einer ➤ Figur vom ➤ Erzähler durch Verwendung von Verben der Redewiedergabe (er dachte, meinte, sagte usw.) indirekt wiedergegeben werden, d. h. mit einem anschließenden Dass-Satz im Indikativ oder Konjunktiv (»er sagte, dass er nach Hause geht/gehe«) oder einem Satz im Konjunktiv (»er sagte, er gehe nach Hause«). Ggs. ➤ Direkte Rede.

Initialstellung: Hervorhebende Stellung eines Wortes am Satz- oder Versanfang. Die I. hat eine emphatische Wirkung und wird deshalb häufig mit der ➤ Inversion verbunden.

> Am grauen Strand, am grauen Meer
> Und seitab liegt die Stadt;
> Der Nebel drückt die Dächer schwer,
> Und durch die Stille braust das Meer
> Eintönig um die Stadt.
>
> (Theodor Storm, *Die Stadt*, 1856)

Innensicht: Der ➤Erzähler sieht das Innenleben der ➤Figuren und beschreibt ihre Gedanken und Gefühle. Ggs. ➤Außensicht.

Innere Emigration: Bezeichnung für die Haltung jener ➤ Autoren, die zwar in politischer Opposition zum Naziregime standen, doch nicht ins Exil gingen (vgl. ➤ Exilliteratur), sondern in Deutschland blieben, um den Nationalsozialismus mit oft verdeckten literarischen Mitteln zu bekämpfen. Viele zogen sich aber auch ins unpolitische Schreiben zurück.

> Werner Bergengruen, Erich Kästner, Jochen Klepper, Oskar Loerke.

Innerer Monolog: Stummes Selbstgespräch einer literarischen ➤ Figur. Der unausgesprochene Bewusstseinszustand der Figur wird meist als Gedankenstrom (➤ Stream of consciousness) in Monologform in der 1. Person Präsens wiedergegeben. Häufige Stilmittel sind Satzfetzen (➤ Ellipsen), Ausrufe, Gedankenassoziationen usw.

> Wie lange wird denn das noch dauern? Ich muss auf die Uhr schauen ... schickt sich wahrscheinlich nicht in einem so ernsten Konzert. Aber wer sieht's denn? Wenn's einer sieht, so passt er gerade so wenig auf, wie ich, und vor dem brauch' ich mich nicht zu genieren [...].
>
> (Arthur Schnitzler, *Lieutenant Gustl*, 1900)

Intention (auch ›Autorintention‹): Aussageabsicht, die ein ➤ Autor beim Verfassen eines (literarischen) Textes verfolgt. Um die I. erschließen zu können, muss man nicht nur Inhalt, ➤ Form und ➤ Struktur, sondern auch die charakteristischen Textmerkmale und die Wirkung der sprachlichen Gestaltungsmittel im Zusammenhang verstehen.

Interjektion (lat. *interiectio* ›Einwurf‹): Ausruf, durch den eine körperliche oder seelische Empfindung ausgedrückt wird.

> Ach, ich merk es! Wehe! wehe!
> Hab ich doch das Wort vergessen!
> Ach, das Wort, worauf am Ende
> Er das wird, was er gewesen.
>
> (Johann Wolfgang Goethe, *Der Zauberlehrling*, 1827)

Interkulturelle Literatur: Wird von ➤ Autorinnen und Autoren verfasst, die deutsch schreiben, Deutsch aber nicht als Muttersprache, sondern als Zweitsprache sprechen. Hauptthemen der i. L. sind Fremdheitserfahrungen und Probleme kultureller Identität.

Franco Biondi, *Passavantis Rückkehr* (1982);
Rafik Schami, *Die Sehnsucht fährt schwarz* (1988);
Feridun Zaimoglu, *Leyla* (2006);
Saša Stanišić, *Wie der Soldat das Grammofon repariert* (2006).

Interpretation (lat. *interpretatio* ›Auslegung‹): Methodisch angeleitete Gesamtdeutung eines literarischen Werkes. Hierzu muss neben inhaltlichen Aspekten die formale und sprachliche Gestaltung, vor allem auch die ➤Intention des ➤Autors analysiert werden sowie die Einordnung des Textes in eine ➤Gattung und in die jeweilige ➤Epoche berücksichtigt werden.

Intertextualität: Verweise eines literarischen Textes auf ➤Themen oder ➤Motive, die in einem anderen literarischen Werk vorkommen. Intertextuelle Bezüge treten beispielsweise als Anspielungen oder Zitate in Erscheinung. Sie stellen Beziehungen zu themenverwandten oder motivgleichen Texten her.

Rainer Maria Rilke, *Römische Fontäne* (1907);
Conrad Ferdinand Meyer, *Der römische Brunnen* (1882).

Interview (engl., ›Befragung‹): Form der Befragung mit dem Ziel, Informationen über eine Person oder einen Sachverhalt zu gewinnen. Das I. ist ein wichtiges Instrument der journalistischen Arbeit. Man unterscheidet personenbezogene Interviews, Sachinterviews und Meinungsinterviews.

Intrige (frz. *intrigue* ›Verwicklung‹): Hinterlistige Machenschaften einer Gruppe oder einzelner ➤ Figuren, die durch Lügen oder Betrug ihre Ziele erreichen wollen. In der ➤ Komödie ist die I. häufig Anlass zu einer heiteren Lösung, in der ➤ Tragödie dagegen zieht sie verhängnisvolle Folgen nach sich. Der Intrigant ist eine Typenfigur.

> Friedrich Schiller, *Kabale und Liebe* (1784): Hier wird Luise gezwungen, einen Liebesbrief an den Hofmarschall von Kalb zu schreiben, der dann dem ohnehin eifersüchtigen Ferdinand zugespielt wird.

Inversion (lat. *inversio* ›Umkehrung‹): die Umkehrung der geläufigen Wortstellung im Satz. Durch auffällige Anfangs- oder Endstellung wird besondere Betonung erzeugt. Vgl. ➤ Initialstellung.

> In seinen Armen das Kind war tot.
> (Johann Wolfgang Goethe, *Erlkönig*, 1782)

> Kaputt ist sie, das weiß ich wohl.
> (Wolfgang Borchert, *Die Küchenuhr*, 1947)

Ironie (griech. *eironeia* ›Verstellung‹): Form des uneigentlichen Sprechens: Es ist das Gegenteil von dem gemeint, was explizit gesagt wird, in der Regel in kritischer Absicht. Die I. ist an ›Ironiesignalen‹ (z. B. Betonung, Übertreibung) erkennbar und dient häufig als Mittel der Verspottung. I. zu erkennen erfordert sorgfältige Beachtung des Kontexts.

Sie sind ein großer Mann – auch das mag sein;
ich glaub' es fast. Nur, fürcht' ich, kamen Sie
um wenige Jahrtausende zu zeitig.
[...]
Ein Alba, sollt' ich meinen, war der Mann,
am Ende aller Tage zu erscheinen!

(Friedrich Schiller, *Don Karlos*, 1787)

J

Jambus: Zweiteiliger ➤Versfuß, der aus einer unbetonten (➤Senkung) und einer betonten Silbe (➤Hebung) besteht. Der J. wirkt belebend und dynamisch. Schema: ◡ —.

> Es schlug, mein Herz, geschwind zu Pferde!
> ◡ — ◡ — ◡ — ◡ — ◡
>
> (Johann Wolfgang Goethe, *Willkommen und Abschied*, 1810)

Junges Deutschland ➤Vormärz.

K

Kadenz (lat. *cadere* ›fallen‹): Form des Versschlusses in der dt. ➤ Metrik. Man unterscheidet: 1. Männliche K. (auch ›stumpfe K.‹): Der Vers endet auf einer betonten Silbe. 2. Weibliche K. (auch ›klingende K.‹): Der Vers endet auf einer unbetonten Silbe.

Es gibt so bange Zeiten	(zweisilbig, weiblich, klingend)
Es gibt so trüben Mut	(einsilbig, männlich, stumpf)
Wo alles sich von weitem	(zweisilbig, weiblich, klingend)
Gespenstig zeigen tut.	(einsilbig, männlich, stumpf)

(Novalis, *Geistliche Lieder*, 1802)

Kalendergeschichte: K. wurden ursprünglich in Hauskalendern für breite Volksschichten abgedruckt und präsentierten sich seit dem 18. Jh. meist als kürzere, volkstümliche und unterhaltsame ➤ Erzählung, die Themen aus dem Alltag behandelt und u. a. praktische Ratschläge oder allgemeine Lebensweisheiten enthält.

Johann Peter Hebel, *Schatzkästlein des rheinischen Hausfreundes* (1811), darin: *Der kluge Richter*; Bertolt Brecht, *Kalendergeschichten* (1949), darin: *Der hilflose Knabe*.

Kanon (griech., ›Richtschnur, Vorbild‹): In der Literaturwissenschaft eine als verbindlich gedachte Auswahl der wichtigsten und vorbildlichen Werke. Objektive Kriterien sind für die K.-Bildung weniger relevant als sich regelmäßig ändernde Deutungs- und Auswahlprozesse, die sich etwa in Lehr- und Prüfungsplänen, Theaterspielplänen oder lieferbaren Klassiker-Ausgaben niederschlagen.

Karikatur: Zerrbild einer Person oder eines Sachverhalts. Die K. entsteht durch eine bewusst übertriebene und witzige Darstellung individueller oder typischer Eigenschaften, die der Kritik und dem Spott preisgegeben werden. Die K. dient oft als Mittel der ➤ Satire und der ➤ Parodie.

> Der Professor Rath in Heinrich Manns Roman *Professor Unrat* (1905).

Katachrese (griech. *katachresis* ›falscher Gebrauch‹): Verbindung von sprachlichen Bildern, die nicht zueinander passen. Die K. kann zu einem ➤ Oxymoron gesteigert werden und eine entsprechende stilistische Wirkung erzeugen oder einfach einen Stilfehler bilden.

> Der Zahn der Zeit, der schon so manche Träne getrocknet hat, wird auch über diese Wunde Gras wachsen lassen.

Katastrophe (griech., ›Umkehr, Wendung‹): Letzter ➤ Akt eines ➤ Dramas, in dem der Untergang des ➤ Protagonisten als Auflösung des dramatischen ➤ Konfliktes gezeigt wird. In der ➤ Komödie bewirkt die K. eine Auflösung der Verwicklungen zum Guten hin. Vgl. ➤ Freytag-Pyramide, ➤ Dreiakt-Schema, ➤ Fünfakt-Schema.

Katharsis (griech., ›Reinigung‹): Die in der aristotelischen ➤ Poetik festgelegte Aufgabe der ➤ Tragödie, die Zuschauer durch die Affekte, die durch die Betrachtung der tragischen ➤ Handlung entstehen, seelisch zu reinigen.

Kehrreim ➤ **Refrain.**

Klassik (auch ›Weimarer Klassik‹): 1. Die kurze literarische ➤ Epoche zwischen Goethes erster Italienreise (1786–88) und Schillers Tod (1805). Geistige und kulturelle Zentren dieser Zeit waren die Städte Weimar und Jena im damaligen Herzogtum Sachsen-Weimar. Vor allem die Freundschaft und die enge Zusammenarbeit zwischen Goethe und Schiller bilden den geistigen Höhepunkt der deutschen K. Enttäuscht über den Ausgang der Französischen Revolution (1789–91) wenden sich Goethe und Schiller von der Protesthaltung der ➤ Sturm-und-Drang-Zeit ab. Ihre neuen Leitideen und damit das literarische Programm der K. sind Harmonie, Humanität, Menschlichkeit und Toleranz sowie die Einheit von Mensch und Natur, Individuum und Gesellschaft. Voraussetzung für diese Ideale ist die Erziehung zur allseits gebildeten Persönlichkeit, die sich der sittlichen Ordnung einfügt, bei der sich Verstand und Gefühl im Gleichgewicht halten. Die griechische Antike wird zum Vorbild der K. 2. Im weiteren Sinne wird auch die Zeit bis zu Goethes Tod (1832) als K. bezeichnet.

> Johann Wolfgang Goethe, *Iphigenie auf Tauris* (1787);
> Friedrich Schiller, *Maria Stuart* (1800);
> Johann Gottfried Herder, *Briefe zur Beförderung der Humanität* (1793/97).

Edel sei der Mensch,
Hilfreich und gut!
Denn das allein
Unterscheidet ihn
Von allen Wesen,
Die wir kennen.
[...]
Der edle Mensch
Sei hilfreich und gut!
Unermüdet schaff er
Das Nützliche, Rechte,
Sei uns ein Vorbild
Jener geahnten Wesen!

(Johann Wolfgang Goethe, *Das Göttliche*, 1785)

Klassizismus: Kunst- und Literaturstil, der durch eine bewusste Orientierung an antiken Formen und ➤ Stoffen gekennzeichnet ist. Starken Einfluss übte der französische *classicisme* des 17. Jh.s auf die deutsche ➤ Dichtung des 18. Jh.s aus. Erst mit Lessings ➤ Kritik in den berühmten ➤ Literaturbriefen begann die Orientierung am französischen K. abzunehmen.

Klimax (griech., ›Leiter‹): 1. Bezeichnung für den dritten ➤ Akt des ➤ Fünfakt-Schemas des ➤ Dramas. 2. Sich stufenweise steigernde Reihung von meist unverbundenen Wörtern, Sätzen oder Aussagen. Durch das zunehmende Gewicht des Gesagten wird die emotionale Beteiligung des Lesers oder Hörers erhöht. Ggs. ➤ Antiklimax.

Er sei mein <u>Freund</u>, mein <u>Engel</u>, mein <u>Gott</u>.

(Friedrich Schiller, *Die Räuber*, 1781)

Knittelvers (auch ›Knittel‹): Versform, die meistens ➤ Paarreime und vier unterschiedlich gefüllte ➤ Hebungen aufweist. Manchmal fehlt die ➤ Senkung zwischen zwei ➤ Hebungen.

> O sähst du, voller Mondenschein,
> Zum letzten Mal auf meine Pein,
> Den ich so manche Mitternacht
> An diesem Pult herangewacht.
> (Johann Wolfgang Goethe, *Faust I*, 1808)

Kolumne: Regelmäßig erscheinende Seite oder Spalte einer Zeitung oder einer Zeitschrift. K. werden oft von bekannten Persönlichkeiten verfasst, können aber auch anonym erscheinen. Vgl. ➤ Glosse.

Komik: Effekt in einem literarischen Text, der den Leser oder Zuschauer zum Lachen oder Lächeln bringt. Meist beruht die K. auf dem in unerwarteter Weise auftretenden Widerspruch zwischen Schein und Sein oder zwischen Anspruch und Wirklichkeit. Man begegnet K. in allen ➤ Gattungen, insbesondere jedoch in den verschiedenen Formen der ➤ Komödie.

Kommentar: Meinungsbildende Textsorte in der Publizistik. Mit dem K. nimmt der Verfasser zu einem (aktuellen) Ereignis oder Problem klar Stellung und entfaltet subjektiv wertende Argumente, die für den Leser deutlich sichtbar sind. Der K. zielt darauf ab, die Meinung des Lesers zu beeinflussen. Vgl. ➤ Glosse.

Komödie (griech. *komos* ›Festumzug‹, *ode* ›Gesang‹; dt. ›Lustspiel‹): ➤ Drama mit glücklichem Ausgang. Erreicht wird das *Happy End* meist durch eine Heirat, durch die Aufdeckung einer Intrige oder Verwechslung oder durch das Eingreifen einer übernatürlichen Macht (vgl. ➤ Deus ex machina). Die K. zielt darauf ab, menschliche Schwächen so zu entlarven, dass der Zuschauer oder Leser durch Lachen zur Erkenntnis geführt wird. Ggs. ➤ Tragödie.

> Gotthold Ephraim Lessing, *Minna von Barnhelm* (1767); Heinrich von Kleist, *Der zerbrochne Krug* (1808); Gerhart Hauptmann, *Der Biberpelz* (1893).

Komposition: In der Erzähltextanalyse wird mit dem Begriff K. sowohl der äußere als auch der innere Aufbau eines Erzähltextes beschrieben. Während der äußere Aufbau den formalen Textaufbau (meist Anfang, Anordnung der Erzählsequenzen und Schluss) umfasst, ergibt sich der innere Aufbau aus den inhaltlichen Zusammenhängen und Wechselbeziehungen zwischen den einzelnen Sequenzen.

Konflikt (lat. *conflictus* ›Zusammenstoß‹): Die ➤ Handlung eines epischen oder dramatischen Werkes vorantreibendes Moment. Zwei Arten von K. lassen sich unterscheiden: 1. äußerer K.: Kampf bzw. Auseinandersetzung zwischen zwei ➤ Figuren oder Gruppen, wenn unterschiedliche Auffassungen, Interessen, Ansprüche, Mächte oder Werteeinstellungen aufeinanderprallen. 2. innerer K.: Die innere Zerrissenheit einer Figur bei der Entscheidung zwischen zwei Möglichkeiten, Personen oder Werten. Der ➤ Monolog ist die bevorzugte Ausdrucksform des inneren K. In der ➤ Tragödie endet der K. oft mit dem Untergang der ➤ Hauptfigur, in der ➤ Komödie dagegen findet er ein positives Ende.

Standeskonflikt: Adel vs. Bürgertum in Schillers bürgerlichem Trauerspiel *Kabale und Liebe* (1784).
Wertekonflikt: Liebe vs. Ehre in Lessings Lustspiel *Minna von Barnhelm* (1767).

Konkrete Poesie (auch ›visuelle Dichtung‹): Form der modernen Dichtung, bei der die semantische Bedeutung der sprachlichen Zeichen konkret im Schriftbild dargestellt wird.

(Reinhard Döhl, *Apfel mit Wurm*, 1965)

Konnotation (lat. *con* ›mit‹; *notatio* ›Bedeutung‹): Sekundäre Bedeutung eines Wortes. Die K. entsteht durch bestimmte Assoziationen, die einer Sprachgemeinschaft geläufig sind, und geht über den lexikalischen Sinn eines Wortes hinaus. Ggs. ➤ Denotation.

Der Fuchs wird mit Schlauheit, der Löwe mit Stärke konnotiert.

Kontext (lat. *contextus* ›Verknüpfung‹): Bezeichnung für das Umfeld und den Zusammenhang, in welchen ein fiktionales Werk steht. Der K. kann philosophisch, gesellschaftlich, historisch, thematisch, biographisch, literarisch usw. geprägt sein. Kenntnisse über den Kontext sind für das Verständnis und die ➤ Interpretation literarischer Werke notwendig.

Kriminalliteratur (lat. *crimen* ›Verbrechen‹): Sammelbezeichnung für Prosawerke, die ein Verbrechen und dessen Aufklärung zum Gegenstand haben. Die ➤ Handlung basiert oft auf der Rekonstruktion des Tathergangs durch einen besonders fähigen Detektiv, der meist den Täter am Ende überführt.

Friedrich Dürrenmatt, *Der Richter und sein Henker* (1950/51).

Krise des Erzählens: Bezeichnung für die neue Bewusstseinslage und veränderte Wahrnehmung der Wirklichkeit im ➤ Expressionismus. Vorherrschend dabei ist der Zweifel daran, mit dem Medium der Sprache die Realität adäquat erfassen und darstellen zu können.

Kritik ➤ Rezension.

Kurzgeschichte (Lehnübersetzung des angloamerik. Begriffs *short story*): Erzählform der ➤ Kurzprosa. Höhepunkt zwischen 1945 und 1960. Zu den charakteristischen Merkmalen zählen vor allem: Entscheidende Situationen im Alltagsleben von Durchschnittsmenschen als Handlung; verkürzende Darstellung des Geschehens; wenige Figuren; unvermittelter Anfang, offener Schluss; einsträngiger Handlungsaufbau und sparsame Sprache.

Kurzprosa: Bezeichnung für epische Kleinformen in ➤ Prosa. ➤ Gattungen der K. sind ➤ Märchen, ➤ Sage, ➤ Legende, ➤ Schwank, ➤ Kurzgeschichte, ➤ Fabel, ➤ Anekdote, ➤ Kürzestgeschichte, ➤ Erzählung. Ggs. ➤ Großepik.

L

Lautmalerei (auch ›Onomatopöie‹): Nachahmende Wiedergabe natürlicher Laute. Dadurch wird die Echtheit des jeweiligen Wortsinns unterstrichen. Die L. hat eine illustrierende Wirkung und wird in der ➤ Lyrik des ➤ Expressionismus häufig gebraucht.

> Der Flügelflagel gaustert
> durchs Wiruwaruwolz,
> die rote Fingur plaustert,
> und grausig gutzt der Golz.
>
> (Christian Morgenstern, *Gruselett*, 1919)

Legende (lat. *legenda* ›zu lesender Text‹): Kurze, volkstümliche Erzählgattung um einen Heiligen, Apostel, Märtyrer oder heilige Ereignisse. Obwohl die L. – anders als ➤ Märchen und ➤ Sagen – von einem tatsächlichen Ereignis ausgeht, ist die historische Genauigkeit unerheblich. Vielmehr geht es darum, am Beispiel des Geschehens Gottes Macht und Wirkung zu veranschaulichen.

Lehrdichtung: Bezeichnung für die lehrhafte oder didaktische ➤ Dichtung. Ziel der L. ist es, Lesern subjektive oder objektive Einsichten zu vermitteln. Besonders im Zeitalter der ➤ Aufklärung wurde die L. gepflegt und in verschiedenen Gattungsformen (➤ Fabel, ➤ Parabel, ➤ Epigramm, ➤ Lehrgedicht) verbreitet.

Lehrstück: Eine auf Erziehung ausgerichtete moderne Form des politischen und belehrenden Theaters. Ziel dabei ist es, das Bewusstsein der Laiendarsteller (Schüler und Studenten) für bestimmte politische oder soziale Ideale zu wecken. Dazu zählen vor allem die um 1930 entstandenen ➤Dramen Bertolt Brechts.

> Bertolt Brecht, *Das Badener Lehrstück vom Einverständnis* (1929), *Der Jasager. Der Neinsager* (1930), *Die Maßnahme* (1930).

Leitmotiv: Spezielle Form des ➤Motivs, die durch die gezielte Wiederholung von Textelementen (wiederkehrende Wörter, Sätze, Redewendungen, sprachliche Bilder oder Gegenstände) Querverbindungen und Bezüge zwischen verschiedenen Teilen eines Erzähltextes herstellt. ➤Dingsymbole sind eine bes. auffällige Form von L.

> Die Sonnenuhr in Theodor Fontanes Roman *Effi Briest* (1894/95);
> die Todesboten in Thomas Manns Novelle *Der Tod in Venedig* (1912);
> das Kopfweh in Hermann Hesses Roman *Unterm Rad* (1906).

Leserbrief: Schriftliche Stellungnahme zu einem vorangegangenen Zeitungsartikel. Der L. ist meist wertend und gibt die subjektive Meinung des Verfassers wieder. Zu den wichtigsten Merkmalen eines gelungenen L.s zählen: klarer Bezug, korrektes Zitieren, klares Ziel, klarer Standpunkt, überzeugende Argumente und Kürze.

Liebeslyrik: ➤ Gedichte, in denen die Liebe zwischen zwei Menschen im Mittelpunkt steht. L. kommt in allen ➤ Epochen vor und behandelt unterschiedliche Facetten der Liebe wie z. B. Sehnsucht, Glück, Vertrauen, Trauer, Freude, Angst, Erfüllung, Schmerz usw.

> Die Sturmnacht hat uns vermählt
> In Brausen und Toben und Bangen:
> Was unsre Seelen sich lange verhehlt,
> Da ist's uns aufgegangen.
>
> Ich las so tief in deinem Blick
> Beim Strahl vom Wetterleuchten:
> Ich las darin mein flammend Glück,
> In seinem Glanz, dem feuchten.
>
> (Hugo von Hofmannsthal, *Sturmnacht*, 1890)

Lied: Lyrische ➤ Gattung mit stark musikalischem Charakter. Kennzeichnend für das L. sind mehrere gereimte und gleich gebaute ➤ Strophen sowie ein ➤ Refrain. Nach der Entstehung unterscheidet man zwischen Volksliedern und Kunstliedern. Das L. wurde vor allem im ➤ Sturm und Drang und in der ➤ Romantik gepflegt.

Limerick (auch ›Nonsens-Gedicht‹): Kurzes und i. d. R. scherzhaftes ➤ Gedicht in fünf Zeilen mit dem ➤ Reimschema a a b b a sowie einer festen Hebungszahl: 3, 3, 2, 2, 3. Meist endet der L. mit einer ➤ Pointe.

Es war mal ein Vater aus Brest,
der gab seinen Kindern ein Fest;
die benahmen sich stillos
und fraßen ganz ziellos –
dies gab ihrem Vater den Rest.
(Edward Lear / Theo Stemmler)

Literatur (lat. *literatura* ›Buchstabenschrift‹): Im weitesten Sinne alles schriftlich Niedergelegte. Im engeren Sinne das Sprachkunstwerk (im Ggs. zu Gebrauchstexten) in ➤ Vers oder in ➤ Prosa. Vgl. ➤ Lyrik, ➤ Epik, ➤ Drama.

Literaturbriefe: Im 18. und 19. Jh. besonders gepflegte Form der literarischen Erörterung oder ➤ Kritik in fingierten Briefen. Einflussreich waren z. B.: Johann Jacob Bodmer, *Critische Briefe* (1746); Gotthold Ephraim Lessing (und andere wie Moses Mendelssohn und Friedrich Nicolai), *Briefe, die Neueste Litteratur betreffend* (1759–65).

Literatursatire: Form der ➤ Satire, die auf die Verspottung literarischer Werke, Richtungen und Persönlichkeiten abzielt und sich durch Übertreibung oder ➤ Parodie auszeichnet. Die L. versteht sich als ➤ Kritik in Zeiten literarischer Krisen.

Gotthold Friedrich Städlin, *Das Kraftgenie* (1782);
Friedrich Schiller und Johann Wolfgang Goethe, *Xenien* (1796);
Heinrich Heine, *Die Bäder von Lucca* (1830).

Literaturverfilmung: Die filmische Bearbeitung einer literarischen Vorlage. Der L. liegt ein selektives und interpretierendes Verfahren zugrunde, das sich durch die Anpassung des literarischen Textes an die filmtechnischen Mittel und an den Geschmack der Zeit auszeichnet.

Litotes (griech., ›Einfachheit‹): Verneinung des Gegenteils – meist als absichtliche Untertreibung mit ironischer Wirkung. Vgl. ➤ Ironie.

> Viel Gescheites wird es wohl nicht sein
> [Für: Dummes wird es sein]
> (Theodor Fontane, *Frau Jenny Treibel*, 1892)

Lustspiel ➤ Komödie.

Lyrik (griech. *lyra* ›Leier‹): Neben ➤ Drama und ➤ Epik eine der drei Hauptgattungen der ➤ Literatur. Äußerlich unterscheiden sich lyrische Texte von Prosatexten dadurch, dass sie nicht in einem durchgängigen Fließtext, sondern in gebundener Form verfasst sind: ➤ Verse, ➤ Strophen und ➤ Rhythmus sind dabei wichtige äußere Merkmale. Inhaltlich zeichnet sich die L. durch subjektive Bewusstseinsinhalte, Gedanken und Stimmungen aus. Deshalb spielen ➤ rhetorische Figuren häufig eine wichtige Rolle in lyrischen Texten. Die ➤ moderne Lyrik kennt keine strenge Regelhaftigkeit. Je nach thematischem Schwerpunkt unterscheidet man zwischen ➤ Naturlyrik, ➤ Großstadtlyrik, ➤ Erlebnislyrik, ➤ Liebeslyrik, ➤ politischer Lyrik und ➤ Gedankenlyrik.

Lyrisches Ich: Sprecher in der 1. Person Singular im ➤ Gedicht. Tritt das Ich nicht explizit in Erscheinung, ist der Begriff ›Sprecher im Gedicht‹ oder ›lyrischer Sprecher‹ vorzuziehen. Das l. I. ist das empfindende und aussagende Subjekt im ➤ Gedicht, nicht der reale ➤ Dichter, und darf mit ihm nicht gleichgesetzt werden.

M

Märchen: Phantasievoll ausgeschmückte Prosaerzählung mittleren Umfangs mit unterhaltendem Charakter. Man unterscheidet zwischen Volksmärchen und Kunstmärchen.

1. **Volksmärchen** haben keinen namentlich bekannten Verfasser. Sie wurden in jeder Kultur zunächst mündlich überliefert und erzählen von wunderbaren, d. h. realitätsfernen Begebenheiten in einfacher und volksläufiger Sprache. Ort und Zeitpunkt der ➤ Handlung sind unbekannt. Häufig wird die Begegnung von Gut und Böse nach märcheneigenen Spielregeln dargestellt, wobei am Ende das Gute siegt und das Böse bestraft wird. Oft muss der ➤ Held harte Prüfungen und Rückschläge bestehen.

Typische Figuren des Volksmärchens sind König und Königin, Prinz und Prinzessin, die böse Stiefmutter, Feen, Hexen, Zauberer usw. Kennzeichnend sind ebenfalls feste sprachliche Wendungen wie ›Es war einmal …‹, ›Und wenn sie nicht gestorben sind …‹ sowie magische Zahlen oder die Zauberkraft alltäglicher Gegenstände. Die erstmals 1812/15 publizierten *Kinder- und Hausmärchen* der Gebrüder Grimm gehören zu den bekanntesten deutschsprachigen Volksmärchensammlungen.

2. **Kunstmärchen** sind märchenhafte Prosaerzählungen, die bes. in der Epoche der ➤ Romantik von namentlich bekannten ➤ Autoren geschrieben wurden. In ihnen werden oft Muster und ➤ Motive von Volksmärchen aufgegriffen und literarisch abgewandelt. Im Gegensatz zu Volksmärchen sind Kunstmärchen meist komplexe Texte, die nicht immer auf ein gutes Ende hin komponiert sind, sondern dem Leser Einblick in tiefgreifende existenzielle Probleme vermitteln.

Jacob und Wilhelm Grimm, *Die Sterntaler* (Volksmärchen, 1812, unter dem Titel *Das arme Mädchen*);
E. T. A. Hoffmann, *Der goldne Topf* (Kunstmärchen, 1848).

Märchendrama: Bühnendichtung, die Märchenstoffe oder märchenhafte Begebenheiten thematisiert.

Ludwig Tieck, *Der gestiefelte Kater* (1797).

Mauerschau ➤ **Teichoskopie.**

Memoiren: Lebenserinnerungen in Ich-Form (➤ Ich-Erzähler), bei denen im Unterschied zur ➤ Autobiographie das subjektive Erleben von und Mitwirken an historischen Ereignissen im Zentrum steht; zumeist von Personen des öffentlichen Lebens (Politikern, Sportlern, Künstlern) verfasst, oft mit Hilfe von Ghostwritern. Die Darstellung sollte vom Leser stets hinterfragt werden.

Metalepse: In der Erzähltheorie spricht man von M., wenn zwei logisch eigentlich völlig getrennte Erzählebenen, z. B. ➤ Rahmen- und ➤ Binnenerzählung, miteinander vermischt werden. Häufiges erzählerisches Mittel in der ➤ Romantik.

In E. T. A. Hoffmanns *Goldnem Topf* erscheint die (erzählte) Märchenfigur des Archivars Lindhorst auf der Ebene der Rahmenerzählung und weist dem ➤ Ich-Erzähler den Weg aus seiner Erzählblockade.

Metamorphose (griech. *metamorphosis* ›Verwandlung‹): Verwandlung in eine andere Gestalt. Beliebtes literarisches ➤ Motiv, das oft in ➤ Mythen und ➤ Sagen, aber auch in ➤ Fabeln, ➤ Märchen sowie in moderner ➤ Epik verwendet wird.

> Publius Ovidius Naso (Ovid), *Metamorphosen* (1–9 n. Chr.); Franz Kafka, *Die Verwandlung* (1915).

Metapher (griech. *metaphora* ›Übertragung‹): Bildhafter Ausdruck, bei dem ein Wort aus seinem ursprünglichen Bedeutungsbereich herausgelöst und in einen anderen übertragen wird. Die M. verbindet (im Unterschied zur ➤ Metonymie) zwei unterschiedliche, getrennte Sinnbereiche, die im entscheidenden Punkt vergleichbar sind. Sie ist daher ein verkürzter ➤ Vergleich ohne Vergleichswort (wie, als, so). Die M. ist die häufigste Form uneigentlicher Bildersprache und kommt sowohl in literarischen als auch in nichtfiktionalen Texten oft vor.

> Muss ich <u>Blöße meines Rechts</u> bedecken,
> Den <u>Flecken meiner fürstlichen Geburt</u>
> (Friedrich Schiller, *Maria Stuart*, 1800)

> Die Wasser <u>beißen</u> heute in den Deich.
> (Theodor Storm, *Der Schimmelreiter*, 1888)

Metonymie (griech. *metonymia* ›Namensvertauschung‹): Ersetzung eines eigentlichen Ausdrucks durch einen anderen, mit dem er (im Unterschied zur ➤ Metapher) in einem geistigen oder sachlichen Zusammenhang steht.

> Es gab Freundespaare, welche miteinander hebräische Vokabeln lernten [...] oder Schiller lasen. (für: die Werke Schillers)
>
> (Hermann Hesse, *Unterm Rad*, 1906)

Metrik (griech. *metrike techne* ›die Kunst des Silbenmaßes‹): Lehre von den Bauprinzipien und Regeln des ➤Verses. Bestimmend hierfür sind ➤Metrum, ➤Strophe, ➤Reim und ➤Rhythmus.

Metrum (auch ›Versmaß‹): Feste rhythmische Einheit, in der die Abfolge von betonten Silben (➤Hebungen: —) und unbetonten Silben (➤Senkungen: ◡) einem bestimmten Schema folgt. Das M. ist somit der kleinste Baustein eines rhythmisch gestalteten ➤Verses. Wechseln betonte und unbetonte Silben unmittelbar einander ab, spricht man von einem alternierenden M. Die wichtigsten Metren sind: ➤Jambus (◡ —), ➤Trochäus (— ◡), ➤Daktylus (— ◡ ◡) und ➤Anapäst (◡ ◡ —).

> Ich ging im Walde ◡ — ◡ — ◡
> So für mich hin, ◡ — ◡ —
> Und nichts zu suchen ◡ — ◡ — ◡
> Das war mein Sinn. ◡ — ◡ —
>
> (Johann Wolfgang Goethe, *Gefunden*, 1815)

Milieudrama: ➤Drama, dessen ➤Handlung durch äußere soziale Bedingungen geprägt ist. Das M. war die wichtigste Dramenform des ➤Naturalismus.

Gerhart Hauptmann, *Vor Sonnenaufgang* (1889), *Die Weber* (1892).

Mimesis (griech., ›Nachahmung‹): Grundbegriff der Literatur- und Kunsttheorie seit der Antike. M. meint das Verhältnis zwischen der Natur, d.h. der erfahrbaren Wirklichkeit, und ihrer Darstellung in Werken der Kunst. Bezogen auf die ➤ Literatur zeigt sich der mimetische Charakter nicht in der Abbildung der Realität (literarische Werke sind keine bloßen Kopien der Wirklichkeit), sondern im schöpferischen Umgang mit Teilen der Lebenswirklichkeit, die im Kunstwerk kombiniert zu einer zweiten Natur werden. Demnach sind ➤ Autoren literarischer Werke mimetische Künstler.

Minnesang: Hauptform der mittelalterlichen höfischen ➤ Lyrik. Der M. diente i. d. R. der Verehrung der weiblichen Idealgestalt, die durch eine höhergestellte, jedoch für den Minnesänger unerreichbare höfische Dame verkörpert wurde. Lobpreis und Umwerbung der Verehrten implizieren, dass der M. Elemente der ➤ Liebeslyrik enthält.

Moderne: Häufig verwendeter, jedoch unscharfer Begriff, der in ➤Literatur, Kunst und Musik die Abgrenzung von der Tradition meint. Als Epoche ist die M. uneinheitlich. Sie zeichnet sich durch eine Vielzahl konkurrierender Strömungen und Stilrichtungen aus, die jeweils unterschiedliche Aspekte betonen: ➤Naturalismus, ➤Impressionismus, ➤Expressionismus, ➤Neue Sachlichkeit, ➤Symbolismus. Kennzeichnend ist neben der Bereitschaft zum Experiment in sprachlicher, formaler und inhaltlicher Hinsicht vor allem eine starke Individualisierung des Künstlers.

Moderne Lyrik: Bezeichnung für ➤ Gedichte, die seit dem Beginn der ➤ Moderne bis zur Gegenwart verfasst wurden. Häufig handelt es sich um Texte, die auf traditionelle Formmerkmale wie ➤ Reim und strenges ➤ Metrum verzichten und sich von Konventionen der Erlebnis- und Stimmungslyrik des 18. und 19. Jh.s abheben. Als Kennzeichen der Modernität gelten u. a. Experiment, ➤ Montage, Sprach-Collage, Deformation und Assoziation verschiedener Lebensbereiche.

Modernes Erzählen: Mit dem Ende des 19. Jh.s einsetzende Erzählweisen, die sich in der Auseinandersetzung mit der Entwicklung neuer Medien (Radio, Film usw.) durch eine Vielzahl neuer Erzähltechniken auszeichnen. Die wichtigsten sind: ➤ innerer Monolog, ➤ erlebte Rede, ➤ Bewusstseinsstrom, ➤ Montage- und Simultantechnik, Reflexion des Erzählens, ➤ Perspektivenwechsel usw.

Modus (lat., ›Art, Weise‹): Kategorie der Erzähltextanalyse, welche die beiden grundlegenden Parameter bezeichnet, nach denen die Präsentation des Erzählten erfolgt: Der Grad an Mittelbarkeit (➤ Distanz) und die Perspektivierung (➤ Fokalisierung).

Monolog (griech. *monos* ›allein‹, *logos* ›Rede‹): Selbstgespräch, in dem eine ➤ Figur Einblick in ihre Gedanken, Gefühle und Beziehungen zu anderen Figuren gewährt. Der M. kommt oft an entscheidenden Stellen im ➤ Drama vor. Ggs. ➤ Dialog.

> ELISABETH *allein.*
> O Sklaverei des Volksdiensts! Schmähliche
> Knechtschaft – Wie bin ich's müde, diesem Götzen

> Zu schmeicheln, den mein Innerstes verachtet!
> Wann soll ich frei auf diesem Throne stehn!
> Die Meinung muss ich ehren, um das Lob
> Der Menge buhlen, einem Pöbel muss ich's
> Recht machen, dem der Gaukler nur gefällt.
> (Friedrich Schiller, *Maria Stuart*, 1800)

Montage/Montagetechnik (frz.): Darstellungstechnik, die mit der assoziativen Verknüpfung von Erzählteilen (Wirklichkeitsfragmenten) unterschiedlicher Herkunft unter einem thematischen Aspekt arbeitet. Dadurch wird die durchgängige Erzählstruktur aufgelöst, was eine Vermischung der Zeitebenen zur Folge hat. Vgl. ➤ Collage.

> Karl Kraus, *Die letzten Tage der Menschheit* (1918/19);
> Alfred Döblin, *Berlin Alexanderplatz* (1929).

Moritat ➤ Bänkelsang.

Motiv (neulat. *motivus* ›bewegend‹): Literarische M. sind bedeutungstragende, stoffliche Muster, die die ➤ Handlung eines literarischen Werkes maßgeblich beeinflussen. Sie bleiben im zentralen Handlungsverlauf unveränderlich.

> M. der feindlichen Brüder (Friedrich M. Klinger, *Die Zwillinge*, 1776; Friedrich Schiller, *Die Räuber*, 1781);
> das M. der unglücklichen Liebe (Johann Wolfgang Goethe, *Die Leiden des jungen Werther*, 1774).

Mythos (griech., ›Erzählung‹): Überlieferte Geschichten, in denen von Götter- und Heldentaten sowie anderen wichtigen Ereignissen aus frühester Zeit berichtet wird. Die ältesten europäischen M. haben in Homers ➤Epen *Ilias* und *Odyssee* (um 750 v. Chr.) sowie in Hesiods *Theogonie* (»Entstehung der Götter«) Niederschlag gefunden. ➤Stoff und ➤Motive aus Mythen werden immer wieder in künstlerischen und literarischen Werken verarbeitet und umgewandelt.

> Johann Wolfgang Goethe, *Iphigenie auf Tauris* (1787);
> Franz Grillparzer, *Das goldene Vließ* (1821);
> Christoph Ransmayr, *Die letzte Welt* (1988).

N

Nacherzählung: Mündliche oder schriftliche Wiedergabe eines literarischen Erzähltextes mit eigenen Worten. Die N. orientiert sich in Inhalt, Form und Sprache an der Vorlage und stellt die ➤Figuren, ➤Handlungen und Gegenstände möglichst anschaulich dar. Die Zeitform der N. ist das Präteritum.

Nachricht: Kurze, meist mit einer Schlagzeile eingeleitete journalistische Mitteilung über ein aktuelles und für die Öffentlichkeit wichtiges Ereignis aus Politik, Kultur, Gesellschaft oder Wirtschaft. Recherchiert und aufbereitet werden N. in Zeitungen, Zeitschriften und Rundfunk durch Reporter und Nachrichtenagenturen. Durch die Beschränkung auf Tatsachen zielt der Nachrichtenstil auf Objektivität ab.

Naturalismus: Gesamteuropäische Literaturepoche, etwa zwischen 1880 und 1900, die von Frankreich ausging. Die ➤Literatur des N. steht unter dem Einfluss der Naturwissenschaften, insbesondere der Evolutionstheorie. Sie stellt den Menschen als Produkt seiner biologischen Herkunft, zugleich aber auch als Individuum dar, das seinen Trieben und seiner Umwelt unterworfen ist. Zum Programm der naturalistischen ➤Literatur gehört die Auseinandersetzung mit der sozialen Wirklichkeit und der menschlichen Psyche. Hinzu kommt die Hinwendung zu unterprivilegierten Handlungsträgern. Beschrieben werden die Folgen der industriellen Revolution, insbesondere die hässlichen Arbeits- und Lebensbedingungen der einfachen Arbeiter sowie die daraus folgenden sozialen Spannungen.

Émile Zola, *Germinal* (1884/85);
Gerhart Hauptmann, *Bahnwärter Thiel* (1888), *Die Weber* (1892);
Arno Holz / Johannes Schlaf, *Papa Hamlet* (1889).

Naturlyrik: Bezeichnung für ➤ Gedichte, die Naturerscheinungen (Landschaft, Jahreszeit usw.) zum Gegenstand haben.

Im Nebel ruhet noch die Welt,
Noch träumen Wald und Wiesen:
Bald siehst du, wenn der Schleier fällt,
Den blauen Himmel unverstellt,
Herbstkräftig die gedämpfte Welt
In warmem Golde fließen.
(Eduard Mörike, *Septembermorgen*, 1828)

Nebenfiguren: Bezeichnung für ➤ Figuren, die im Gegensatz zu ➤ Helden und ➤ Hauptfiguren eine für den Ausgang der ➤ Handlung untergeordnete Rolle spielen. Oft handelt es sich um typisierte Figuren.

Hanna Kennedy (Amme Marias) oder Graf Aubespine (frz. Gesandter) in Schillers Drama *Maria Stuart* (1800).

Nebenhandlung: ➤ Handlung in ➤ Drama oder Film, die parallel zur Haupthandlung verläuft. Die N. bezieht sich zwar direkt oder indirekt auf die Haupthandlung, kann aber deren Ausgang nicht entscheidend beeinflussen. Sie besitzt oft kommentierende und relativierende Funktion.

Entwicklung einer Liebesbeziehung zwischen Recha und dem Tempelherrn in Gotthold Ephraim Lessings *Nathan der Weise* (1779).

Nebentext ➤ Regieanweisung.

Negativer Held ➤ Antiheld.

Neologismus (griech. *neos* ›neu‹, *logos* ›Wort‹): Wortneuschöpfung zum Zweck eines poetisch gesteigerten Ausdrucks oder einer ironischen Wirkung.

> Bald siehst du, wenn der Schleier fällt,
> Den blauen Himmel unverstellt,
> Herbstkräftig die gedämpfte Welt
> In warmem Golde fließen.
> (Eduard Mörike, *Septembermorgen*, 1828)

Neue Sachlichkeit: Literarische Strömung in der Zeit der Weimarer Republik. Die n. S. ist eine Reaktion auf den ➤ Expressionismus und zeichnet sich durch den Anspruch auf nüchterne Beschreibung und Kommentierung der Wirklichkeit aus. Auch die enge Verbindung mit den neuen Medien (Rundfunk, Film und Zeitung) zählt zu den prägenden Merkmalen dieser Strömung.

> Alfred Döblin, *Berlin Alexanderplatz* (1929);
> Hans Fallada, *Kleiner Mann – was nun?* (1932);
> Erich Kästner, *Fabian* (1931);
> Bertolt Brecht, *Hauspostille* (1927).

Neue Subjektivität: Von Marcel Reich-Ranicki geprägter Begriff für eine neue Tendenz der deutschen ➤Literatur seit den 1970er Jahren. Die n. S. wendet sich vor allem subjektiven und autobiographischen Problemen zu und versteht sich als Opposition zu der politisch orientierten Literatur im Umfeld der 1968er-Bewegung.

Christa Wolf, *Nachdenken über Christa T.* (1968);
Peter Schneider, *Lenz* (1973);
Thomas Bernhard, *Die Korrektur* (1975);
Wolfgang Koeppen, *Jugend* (1976);
Peter Handke, *Die linkshändige Frau* (1976).

Neues Erzählen: Ab Mitte der 1980er Jahre einsetzende Tendenz der Gegenwartsliteratur. Zeichnet sich durch die Darstellung eines komplexen Weltentwurfs und die Vielfalt des heutigen Lebens aus, wobei eine deutliche Überlagerung von Themen und Stilrichtungen ins Auge fällt. Zudem werden klassische ➤Gattungen und inhaltliche Traditionen aufgegriffen. Hintergrund ist der Ruf nach der Ablösung von Nachkriegsautoren wie Günter Grass, Peter Handke oder Martin Walser.

Christoph Ransmayr, *Die letzte Welt* (1988);
Marcel Beyer, *Flughunde* (1995);
Karen Duve, *Dies ist kein Liebeslied* (2002).

Neutrales Erzählverhalten: Unkommentierte Wiedergabe des Geschehens eines erzählenden Textes aus der Distanz eines unbeteiligten Beobachters. Die Vermittlung der ➤Handlung wirkt objektiv.

Ein junger Mann geht durch eine Grünanlage. In einer Hand trägt er ein Eis. Er lutscht. Das Eis schmilzt. Das Eis rutscht an dem Stiel hin und her. Der junge Mann lutscht heftig, er bleibt vor einer Bank stehen. Auf der Bank sitzt ein Herr und liest eine Zeitung. Der junge Mann bleibt vor dem Herrn stehen und lutscht.

(Helga M. Novak, *Eis*, 1968)

Nominalstil: Überdurchschnittliche Verwendung von Substantiven und nominalen Verbformen (Substantivierungen und Partizipien) in einem Text. Der N. kommt häufig in wissenschaftlichen und amtlichen Texten vor, sollte allerdings aus stilistischen Gründen vermieden werden, da er grundsätzlich das Textverständnis erschwert. Ggs. ➤ Verbalstil.

Novelle (ital. *novella* ›Neuigkeit‹): Epische Untergattung einer Prosaerzählung mittlerer Länge. Die N. wird wegen ihrer unterschiedlichen Erscheinungsformen uneinheitlich definiert. Doch gemeinsam ist den meisten N., dass sie »eine sich ereignete unerhörte Begebenheit« (Johann Wolfgang Goethe) behandeln. Das geschilderte Ereignis hat aufgrund seines außergewöhnlichen Charakters Neuigkeitswert und erhebt gleichzeitig Anspruch auf Wirklichkeit. Wesentliche novellistische Merkmale sind: straffe Handlungsführung um einen zentralen Konflikt (Nähe zum Drama), Einsatz szenischer und dialogischer Elemente, Zuspitzung auf einen Höhe- und Wendepunkt, Tendenz zur geschlossenen Form, ➤ Leitmotiv und ➤ Dingsymbol.

Heinrich von Kleist, *Die Marquise von O.* (1808);
Gottfried Keller, *Die Leute von Seldwyla* (1856–75);
Gerhart Hauptmann, *Bahnwärter Thiel* (1888);
Günter Grass, *Katz und Maus* (1961).

Gattungsgeschichtlich bedeutsam ist Giovanni Boccaccios Novellensammlung *Decameron* (1353) mit der berühmten Falkennovelle (vgl. ➤ Falkentheorie).

O

Ode (griech., ›Gesang, Lied‹): Reimlose, aber strophisch und metrisch streng geregelte lange Gedichtform, in der feierliche und erhabene Gegenstände (z. B. die göttliche Sphäre oder die Liebe) in hohem, pathetischem Sprachstil behandelt werden.

> Ihr wandelt droben im Licht
> Auf weichem Boden, selige Genien!
> Glänzende Götterlüfte
> Rühren euch leicht,
> Wie die Finger der Künstlerin
> Heilige Saiten.
> (Friedrich Hölderlin, *Hyperions Schicksalslied*, 1799)

Offene Form des Dramas: Dramenform, die das streng symmetrische Aufbauschema des ➤ aristotelischen Dramas nicht einhält. Kennzeichnend ist eine lockere Zusammensetzung einzelner ➤ Szenen oder ➤ Bilder. Insbesondere wird auf die ➤ drei Einheiten von Ort, Zeit und ➤ Handlung verzichtet, so dass die Handlung auf mehrere Orte verteilt sein kann. Charakteristisch sind ebenfalls die Unterbrechung der Handlung durch Reflexionen und Kommentare sowie verschiedene Handlungsstränge. Der Schluss bleibt meist offen. Ggs. ➤ geschlossene Form des Dramas.

> Friedrich Schiller, *Die Räuber* (1781);
> Georg Büchner, *Woyzeck* (1836/37);
> Max Frisch, *Andorra* (1961).

Offener Schluss: Literarische Gestaltungsform, bei der der ➤Autor auf eine abschließende Lösung am Ende des Werkes verzichtet. Mit dem o. S. wird der Leser zum Weiterdenken über die dargestellte Problematik herausgefordert. Der o. S. ist ein charakteristisches Merkmal der ➤Kurzgeschichte.

Oxymoron (griech. *oxys* ›scharf‹, *moros* ›dumm‹): Pointierte Verbindung zweier einander widersprechender oder sich gedanklich ausschließender Begriffe. Das O. dient der Darstellung eines mehrdeutigen Sachverhalts.

> Unsichtbar sichtbar (Johann Wolfgang Goethe, *Faust I*, 1808);
> Schwarze Milch (Paul Celan, *Todesfuge*, 1947).

P

Palindrom (griech. *palindromos* ›rückläufig‹): Wort, ➤Vers oder Satz, der vor- und rückwärts gelesen werden kann und in beiden Fällen einen Sinn ergibt.

> ROMA – AMOR
> (Johann Wolfgang Goethe, *Römische Elegien*, 1795)

Pamphlet (frz.): Form direkter Polemik, die meist in einer kurzen Streit- und Schmähschrift formuliert wird und der Bloßstellung des Gegners dient.

Pantomime (griech. *pantomimos* ›alles nachahmend‹): Darstellung einer ➤Handlung ausschließlich mit Hilfe von Gestik und Mimik oder mit Tanz.

Parabel (griech. *parabole* ›Nebeneinanderstellung, Vergleich‹): Lehrhafte ➤Erzählung mit einer selbständigen ➤Handlung, in der eine allgemeine menschliche Wahrheit anschaulich gemacht wird, und zwar durch einen ➤Vergleich. Um den Sinn der P. zu verstehen, muss der Leser von der Bildebene (das, was erzählt wird, z. B. die Geschichte der drei Ringe in Lessings *Nathan der Weise*) auf die Sachebene (das, was tatsächlich gemeint ist, nämlich das Verhältnis der drei Religionen) gelangen. Die P. der Moderne (seit Kafka) sind oft mehrdeutig und vielschichtig.

»Ach«, sagte die Maus, »die Welt wird enger mit jedem Tag. Zuerst war sie so breit, dass ich Angst hatte, ich lief weiter und war glücklich, dass ich endlich rechts und links in der Ferne Mauern sah, aber diese langen Mauern eilen so schnell aufeinander zu, dass ich schon im letzten Zimmer bin, und dort im Winkel steht eine Falle, in die ich laufe.« – »Du musst nur die Laufrichtung ändern«, sagte die Katze und fraß sie.

(Franz Kafka, *Kleine Fabel*, 1920)

Verhältnis von Bild- und Sachebene bei Parabeln

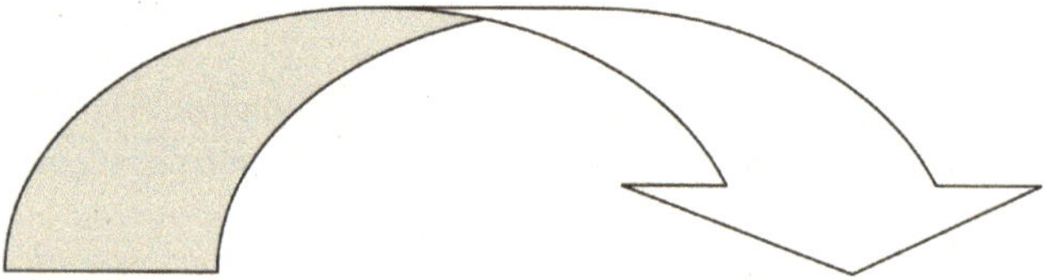

Bildebene
Geschehen/Handlung ◄..............► Sachebene
Sinn/Aussage

Paradoxon (griech., ›Unerwartetes‹): Scheinbar widersinnige oder widersprüchliche Aussage, die aber bei genauerer Betrachtung auf eine tiefere Erkenntnis hinweist.

Du bebst vor allem was nicht trifft,
Und was du nie verlierst das musst du stets beweinen.

(Johann Wolfgang Goethe, *Faust I*, 1808)

> Ich weiß nunmehr, dass Euer gutes Recht
> An England Euer ganzes Unrecht ist.
> (Friedrich Schiller, *Maria Stuart*, 1800)

Paralipse (griech. *paraleipsis* ›Auslassung‹; auch ›Präteritio‹): Die Aufmerksamkeit wird dadurch auf eine Sache gelenkt, dass der Autor sie zu übergehen betont. Die P. ist eine Variante der ➤ Ironie.

Parallelismus (griech. *parallelos* ›gleichlaufend‹): Verwendung des gleichen Bauschemas bei der Anordnung von mindestens zwei einander entsprechenden Satzarten oder Wortfolgen in aufeinander folgenden ➤ Versen, ➤ Strophen oder Sätzen. Durch den Gleichklang der Glieder dient der P. dazu, die Aussage (vor allem Gegensätze und Vergleiche) einprägsamer und nachdrücklicher zu gestalten.

> Was itzund prächtig blüht // sol bald zutretten werden.
> Was itzt so pocht und trotzt // ist morgen Asch und Bein;
> (Andreas Gryphius, *Es ist alles Eitel*, 1637)

Parataxe (griech. *parataxis* ›Danebenstellen‹): Form der sprachlichen Darstellung, in der einzelne Hauptsätze oder Teilsätze beiordnend aneinandergereiht werden. Die P. lässt den Eindruck einer hohen Tatsachendichte und eines nüchternen Berichtens entstehen, sachlogische Zusammenhänge treten eher in den Hintergrund. Ggs. ➤ Hypotaxe.

> Ich hatte eine strenge Woche hinter mir, kein Tag ohne Konferenz, ich wollte Ruhe haben, Menschen sind anstrengend.
>
> (Max Frisch, *Homo faber*, 1957)

Parenthese (griech. *parenthesis* ›Einschub‹): Einfügung eines meist erläuternden Satzes im Innern eines anderen Satzes, ohne dessen syntaktische Ordnung zu stören. Die P. steht i. d. R. zwischen Gedankenstrichen oder Klammern und kann als Kommentar, Präzisierung oder zur Abgrenzung dienen.

> Auch die Front des Herrenhauses – eine mit Aloekübeln und ein paar Gartenstühlen besetzte Rampe – gewährte bei bewölktem Himmel [...].
>
> (Theodor Fontane, *Effi Briest*, 1894/95)

Parodie (griech. *parodein* ›ein Lied entstellt singen‹): Besondere Form der ➤ Satire, die durch eine verzerrende Nachahmung eines bekannten künstlerischen Werkes erzielt wird. Der Ursprungstext bleibt zwar weiterhin erkennbar, aber mit anderen Inhalten oder veränderten Formmerkmalen. Die P. hat häufig verspottenden Charakter. Meist sind literarische, filmische und musikalische Werke Gegenstand der P.

> Heinz Erhardt, *Der König Erl (frei nach Johann Wolfgang von Frankfurt)* als Parodie auf Goethes Ballade *Erlkönig*; Loriot, *Advent* als Parodie auf besinnliche Adventsgedichte.

Pars pro toto (lat., ›Teil für das Ganze‹): Ein Teil eines Gegenstandes oder Sachverhaltes wird zur Bezeichnung des Ganzen benutzt. Vgl. ➤ Synekdoche und ➤ Metonymie.

> Ein Dach über dem Kopf haben (für: ein Haus oder eine Wohnung haben).

Pastiche (frz., ›Nachahmung‹): Nachahmung eines Kunstwerks (nicht nur Literatur), oft, aber nicht notwendig in parodistischer Absicht. ➤ Parodie.

Pathos (griech., ›Leidenschaft‹): Gefühlsbewegte Haltung eines Sprechers, dessen Leiden oder leidenschaftlich erregter Gemütszustand durch eine erhabene und feierlich gesteigerte Sprachform zum Ausdruck gebracht wird. Der pathetische ➤ Stil zielt auf eine emotionale Wirkung ab und ist deshalb reich an ➤ Tropen und ➤ rhetorischen Figuren.

Pause: Zugunsten einer Beschreibung von Figuren oder Orten, Reflexionen oder Kommentaren herbeigeführte Unterbrechung der fortlaufenden Handlung (deskriptive P.).

> Effi trug ein blau und weiß gestreiftes, halb kittelartiges Leinwandkleid, dem erst ein fest zusammengezogener, bronzefarbener Ledergürtel die Taille gab; der Hals war frei, und über Schulter und Nacken fiel ein breiter Matrosenkragen. In allem, was sie tat, paarte sich Übermut und Grazie, während ihre lachenden braunen Augen eine große, natürliche Klugheit und viel Lebenslust und Herzensgüte verrieten. Man nannte sie die »Kleine«, was sie sich

gefallen lassen musste, weil die schöne, schlanke Mama noch um eine Handbreit höher war.

(Theodor Fontane, *Effi Briest*, 1894/95)

Pentameter (griech. *pente* ›fünf‹, *metron* ›Maß‹): Antikes ➤Versmaß, dessen Name daher rührt, dass es gewissermaßen aus zweimal zweieinhalb Versfüßen (nämlich ➤Daktylen) besteht. In der Mitte stoßen zwei Hebungen aufeinander, so dass eine ➤Zäsur (|) entsteht. Grundform: — ◡ ◡ — ◡ ◡ —| — ◡ ◡ — ◡ ◡ —. Die Daktylen können auch durch Spondeen (im Griech. oder Lat.) bzw. ➤Trochäen (im Dt.) ersetzt werden.

Der P. kommt fast nur in Kombination mit dem ➤Hexameter vor, mit dem er das ➤Distichon bildet.

Um mich summt die geschäftige Bien, mit zweifelndem Flügel
— ◡ — ◡ ◡ — ◡ ◡ — ◡ — ◡ ◡ — ◡
Wiegt der Schmetterling sich über dem rötlichen Klee.
— ◡ — ◡ ◡ —|— ◡ ◡ — ◡ ◡ —

(Friedrich Schiller, *Der Spaziergang*, 1795)

Peripetie (griech. *peripeteia* ›plötzlicher Umschwung‹): Unerwartetes Umschlagen der ➤Handlung eines dramatischen oder epischen Werkes. In der P. verliert der ➤Held seine Handlungsfähigkeit, das Geschehen nimmt plötzlich einen für den Protagonisten guten (➤Komödie) oder schlechten Verlauf (➤Tragödie). Vgl. ➤Freytag-Pyramide, ➤Dreiaktschema, ➤Fünfaktschema.

Periphrase (griech. *periphrasis* ›Umschreibung‹): Umschreibung einer Person, eines Gegenstandes, einer ➤ Handlung oder eines Begriffs durch mehrere Wörter. Die P. dient der Ausschmückung einer Aussage oder der Abwechslung im Ausdruck und ➤ Stil. Vgl. ➤ Anspielung.

> […] mich, / Des größten Königes verstoßne Tochter
> [Iphigenie]
> (Johann Wolfgang Goethe, *Iphigenie auf Tauris*, 1787)

> Der Allumfasser, / der Allerhalter [Gott]
> (Johann Wolfgang Goethe, *Faust I*, 1808)

Person ➤ **Figur.**

Personaler Erzähler: Der Erzähler tritt hinter eine der ➤ Figuren zurück und beschränkt sich auf deren Wissen. Dem Leser wird das Geschehen aus dem Blickwinkel dieser Figur vermittelt.

> Endlich war K. allein. Er dachte gar nicht daran, irgendeine andere Partei vorzulassen, und nur undeutlich kam ihm zu Bewusstsein, wie angenehm es sei, dass die Leute draußen in dem Glauben waren, er verhandle noch mit dem Fabrikanten und es könne aus diesem Grunde niemand, nicht einmal der Diener, bei ihm eintreten. Er ging zum Fenster, setzte sich auf die Brüstung, hielt sich mit der Hand an der Klinke fest und sah auf den Platz hinaus.
> (Franz Kafka, *Der Process*, 1925)

Personenrede ➤ **Figurenrede.**

Personifikation: Vermenschlichung von leblosen Dingen, abstrakten Begriffen, Tieren und Pflanzen. Die P. verringert die Distanz und erhöht die Anschaulichkeit.

> Gelassen stieg die Nacht ans Land,
> Lehnt träumend an der Berge Wand,
> Ihr Auge sieht die goldne Waage nun
> Der Zeit in gleichen Schalen stille ruhn;
> (Eduard Mörike, *Um Mitternacht*, 1827)

Perspektivenwechsel: Wechsel des ➤ Erzählerstandpunkts innerhalb eines literarischen Textes. Die ➤ Handlung oder das Geschehen wird entweder aus der Sicht mehrerer Beteiligter oder mittels verschiedener Erzählebenen übermittelt. Der P. ist kennzeichnend für alle Formen der ➤ Montage und kommt häufig im modernen ➤ Roman vor.

Pleonasmus (griech. *pleonasmos* ›Überfluss‹): Überflüssiger erklärender Zusatz, meist in Form synonymischer Attribute, die keinerlei neue Informationen liefern. Vgl. ➤ Tautologie.

> schwarzer Rappe; stilles Schweigen.

Plot (engl., ›Komplott‹): Handlungsgerüst, das einem epischen oder dramatischen Werk zugrunde liegt und vor allem die kausalen und logischen Verknüpfungen der ➤ Handlung und ➤ Figuren offenlegt. Vgl. ➤ Fabel (1.).

Poesie (griech. *poiesis* ›das Machen‹): Allgemeine Bezeichnung für ➤ Dichtung. Der Begriff P. wird allerdings oft insbesondere für die Versdichtung gebraucht. Ggs. ➤ Prosa.

Poetik (griech. *poietike techne* ›Dichtkunst‹): Die Lehre von der Dichtkunst im Sinne einer Anweisung zum richtigen Dichten. Die P. legt Kriterien für das Schreiben von literarischen Werken fest und definiert Maßstäbe für ihre Beurteilung. Hauptaugenmerk gilt dem Gegenstand, der Form, den Gestaltungsmitteln und den Wirkungsweisen von Texten. Die P. des Aristoteles (384–322 v. Chr.) gehört zu den bekanntesten Dichtkunstlehren, die für das spätere Verständnis klassischer ➤ Gattungen (➤ Tragödie, ➤ Komödie, ➤ Epos) von maßgeblicher Bedeutung war. 1624 veröffentlichte Martin Opitz das *Buch von der deutschen Poeterey*, in dem er Regeln für eine hochdeutsche Dichtkunst formulierte. Diese sog. Regelpoetiken waren bis ins 18. Jh. vorherrschend. Spätestens seit Friedrich Schlegel (1772–1829) setzte sich die Auffassung durch, dass jedes literarische Werk die Regeln für seine Gestaltung und sein Verständnis in sich selbst trägt.

Point of view ➤ Erzählerstandpunkt.

Pointe (frz., ›Spitze‹): Zugespitzter und zugleich überraschender Höhepunkt einer ➤ Erzählung, der den Zuhörer oder Leser oft zum Lachen bringt. Die P. ist wichtiger Bestandteil der ➤ Anekdote, des ➤ Witzes und des ➤ Epigramms. Sie kann als Mittel der ➤ Ironie eingesetzt werden, tritt aber auch in ernsthaften Kontexten auf.

Politische Lyrik: Oberbegriff für lyrische Texte, die sich gezielt mit politischen und gesellschaftlichen Zuständen befassen. Die

➤ Intention der p. L. besteht darin, die politische Meinung des Lesers zu beeinflussen. Grundsätzlich kann p. L. die bestehenden politischen Verhältnisse unterstützen oder bekämpfen.

> Mann der Arbeit, aufgewacht!
> Und erkenne deine Macht!
> Alle Räder stehen still,
> Wenn dein starker Arm es will.
> (Georg Herwegh, *Bundeslied für den Allgemeinen Deutschen Arbeiterverein*, 1863)

Polyptoton (griech. *polys* ›viel‹, *ptosis* ›Fall‹): Wiederholung desselben Wortes in verschiedenen Flexionsformen innerhalb desselben Satzes.

> Eines Freundes Freund zu sein. Mann gegen Mann.

Polysyndeton (griech. *polys* ›viel‹, *syndetos* ›verbunden‹): Verknüpfung mehrerer Wörter, Begriffe oder Sätze durch dieselbe Konjunktion. Ggs. ➤ Asyndeton.

> Und wiegen und tanzen und singen dich ein.
> (Johann Wolfgang Goethe, *Erlkönig*, 1782)

Popliteratur: In den 1990er Jahren entstandene Spielart der Literatur, die sich mit kulturellen Alltagserfahrungen und Erscheinungsformen der Konsumwelt (Fernsehen, Internet, Popmusik) sowie dem modernen Lebensstil (Partys, jugendliche Singles, Tourismus) befasst.

Florian Illies, *Generation Golf* (2000).

Posse (ital. *bozzo* ›Höcke, Beule‹): Bezeichnung für Theaterstücke, die durch Übertreibung, derben Spott und Situationskomik gekennzeichnet sind, oft mit ›lustigen Figuren‹ wie Hanswurst oder Kasperl. Sonderfom der ➤ Komödie.

Johann Nestroy, *Der böse Geist Lumpazivagabundus* (1833).

Postmoderne: Seit den 1970er Jahren einsetzende neue literarische Strömung, die sich durch das Spiel mit traditionellen literarischen Erzähltechniken und konventionellen Themen auszeichnet. Typische Merkmale des postmodernen Erzählens sind die Mischung verschiedener Stilformen, die Vielzahl der Anspielungen auf andere Texte (Intertextualität) sowie die ironische Brechung des eigenen Schreibprozesses. Was bisher als ›normal‹, ›anständig‹ oder ›tabu‹ galt, wird mit literarischen Mitteln gezielt angegriffen.

Botho Strauß, *Der Park* (1983);
Patrick Süskind, *Das Parfüm* (1985);
Robert Schneider, *Schlafes Bruder* (1992);

Präteritio ➤ Paralipse.

Primärliteratur (von lat. *primus* ›erster‹): Bezeichnung für eigenständige literarische Texte im Ggs. zur ➤ Sekundärliteratur, die solche Texte zum Gegenstand hat.

Problem (griech. *problema* ›Vorgelegtes‹): Thema oder behandelter Gegenstand, Grundgedanke oder Sachverhalt in einem literarischen Werk. Das P. kann in einem Erlebnis, einer ungelösten Frage oder in einem ➤ Konflikt liegen. Ein Hilfsmittel, um das P. eines Textes zu erfassen, ist die Formulierung des Basissatzes der Inhaltsangabe: ›In dem Text XY geht es um …‹ (vgl. ➤ Motiv und ➤ Stoff).

Prolepse ➤ **Vorausdeutung.**

Prolog (griech. *prologos* ›Vorrede‹): Kurze Rede eines handelnden Schauspielers oder des ➤ Dichters selbst am Beginn des ➤ Dramas. Der P. kann zur ➤ Handlung des ➤ Dramas überleiten und ggf. einer bestimmten Rezeptionsweise vorarbeiten. Ggs. ➤ Epilog.

Prosa (von lat. *prorsa oratio* ›gerade, schlichte Rede‹): Bezeichnung für literarische Texte, die nicht in der gebundenen Sprache der ➤ Poesie, sondern in der normalen Alltagssprache geschrieben sind. Ggs. ➤ Poesie.

> Romane, Novellen, Erzählungen usw.

Prosa-Gedicht: Mischgattung zwischen ➤ Prosa und ➤ Lyrik; kurze lyrische Texte, die in ungebundener Sprache verfasst sind. Die typischen formalen Merkmale der ➤ Lyrik (➤ Reim, ➤ Metrum und ein klar erkennbarer ➤ Rhythmus) fehlen, doch das P. weist eine für das ➤ Gedicht charakteristische Wortwahl, Bildlichkeit und ➤ Struktur auf.

Ach, daß du lebtest!
Tausend schwarze Krähen,
Die mich umflatterten auf allen Wegen,
Entflohen, wenn sich deine Tauben zeigten,
Die weißen Tauben deiner Fröhlichkeit.
Daß du noch lebtest!
(Detlev von Liliencron, *Einer Toten*, 1883)

Protagonist (griech. *protagonistes* ›erster Kämpfer‹): Wertneutraler Begriff (anders als ➤ Held) für die ➤ Hauptfigur in einem dramatischen oder epischen Text mit entscheidendem Einfluss auf die dargestellte ➤ Handlung. Gegenspieler des P. ist der ➤ Antagonist.

Walter Faber in Max Frischs Roman *Homo faber* (1957).

Pseudonym (griech. *pseudos* ›falsch‹, *onoma* ›Name‹): Fingierter Name eines ➤ Autors oder Künstlers, der aus bestimmten Gründen seinen wirklichen Namen als Urheber eines Werkes nicht preisgeben will. P. werden manchmal durch ➤ Anagramme gebildet.

Novalis (Friedrich von Hardenberg);
Jean Paul (Johann Paul Friedrich Richter);
Loriot (Bernhard-Victor Christoph-Carl von Bülow).

Q

Quartett: Bezeichnung für vierzeilige ➤ Gedichte oder ➤ Strophen, insbesondere aber die ersten beiden je vierzeiligen ➤ Strophen am Anfang des ➤ Sonetts im Ggs. zu den ➤ Terzetten.

Quelle: Die stoffliche Vorlage, die ein Schriftsteller für ein eigenes dichterisches Werk benutzt. Man unterscheidet zwischen mündlichen Q. (z. B. ➤ Märchen, ➤ Mythen, ➤ Sagen usw.) und schriftlichen Q. (z. B. Geschichtswerke, ➤ Biographien, ➤ Tagebücher, Zeitungen usw.). Vor allem ➤ Figuren, ➤ Motive sowie ➤ Handlungen werden oft bestimmten Q. entnommen und neu gestaltet.

R

Rahmenerzählung: ➤ Erzählung, die als Anlass und Hintergrund einer oder mehrerer in sie eingebetteter ➤ Binnenerzählung(en) dient. Durch dieses Verfahren entstehen mehrere Erzählebenen, mit denen der ➤ Autor verschiedene Zwecke verfolgen kann (z. B. Distanz zur Binnenerzählung, Einführung fiktiver Gewährsleute).

> Theodor Storm, *Der Schimmelreiter* (1888);
> Friedrich Dürrenmatt, *Das Versprechen* (1958).

Rahmung: Liegt vor, wenn ein Drama durch einen Prolog eröffnet und/oder durch einen Epilog abgeschlossen wird. Die R. hat nicht nur einen formalen Charakter, sondern meist auch eine inhaltliche Funktion.

> Goethes *Faust I* hat drei R.: »Zueignung«, »Vorspiel auf dem Theater«, »Prolog im Himmel«.

Realismus: Literaturbewegung zwischen 1850 und 1890. Den historischen Hintergrund bildet das Scheitern der bürgerlichen Revolution von 1848 (März-Revolution). Der R. zeichnet sich durch die Ablehnung von Idealisierung und Verklärung in ➤ Klassik und ➤ Romantik aus. Abgelehnt wird auch die politische Parteinahme des ➤ Vormärz. Leitidee der ➤ Literatur des R. ist die wirklichkeitsgetreue und diesseitsbezogene Darstellung des Menschen in seinen Lebensverhältnissen, in seinen Beziehungen zu den Mitmenschen und in seiner inneren Befindlichkeit. Anders als im ➤ Naturalismus jedoch werden die

Gegenstände weniger nach sozialen, sondern nach poetischen Kriterien ausgewählt (daher poetischer Realismus).

> Gottfried Keller, *Der grüne Heinrich* (1854/55);
> Conrad Ferdinand Meyer, *Das Amulett* (1873);
> Theodor Storm, *Der Schimmelreiter* (1888);
> Friedrich Hebbel, *Maria Magdalena* (1844);
> Theodor Fontane, *Effi Briest* (1894/95).

Redefiguren ➤ **Rhetorische Figuren.**

Refrain (frz.): Regelmäßig wiederkehrende Gruppe von ➤ Versen oder Wörtern meist am Ende einer ➤ Strophe. Der R. wird auch ›Kehrreim‹ genannt und kommt oft im ➤ Lied vor.

> Röslein, Röslein, Röslein rot
> Röslein auf der Heiden.
> (Johann Wolfgang Goethe, *Heidenröslein*, 1789)

Regieanweisung (auch ›szenische Bemerkung‹): Im Druck optisch meist abgehobener ➤Nebentext eines ➤Dramas. R. sind »stumme« Hinweise zum Ablauf der ➤Handlung, zum Bühnenbild oder zur Spielweise der ➤Figuren. Sie geben auch Aufschluss über ihr Aussehen, ihre Sprechweise, Mimik und Gestik.

Reim: Vollständiger Gleichklang der Endsilben eines ➤ Verses, und zwar vom letzten betonten Stammvokal ab. Reimen Wörter innerhalb eines ➤ Verses, spricht man von ➤ Binnenreim. Man unterscheidet zwischen ➤ Reimqualität, ➤ Reimform und ➤ Reimschema.

Reimfolgen ➤ Reimschema.

Reimqualität: Man unterscheidet folgende R.:

1. Reiner Reim: Beim ➤ Endreim haben die Vokale und die Konsonanten der letzten betonten Silbe einen vollständigen und reinen Gleichklang. Ggs. ➤ Unreiner Reim.

> Ich hab' meine Tante geschlachtet,
> Meine Tante war alt und schwach;
> Ich hatte bei ihr übernachtet
> Und grub in den Kisten-Kasten nach.
> (Frank Wedekind, *Der Tantenmörder*, 1902)

2. Unreiner Reim: Die hörbare Lautfolge stimmt nur annähernd überein.

> Wie ein Gebild aus Himmelshöhn,
> [...]
> Sieht er die Jungfrau vor sich stehn.
> (Friedrich Schiller, *Das Lied von der Glocke*, 1800)

3. Identischer Reim (auch ›rührender Reim‹): Die miteinander reimenden Wörter stimmen vollständig überein.

> O Mutter! Was ist Seligkeit?
> O Mutter! Was ist Hölle?
> Bei ihm, bei ihm ist Seligkeit,
> Und ohne Wilhelm Hölle! –
> (Gottfried August Bürger, *Lenore*, 1773)

4. **Stabreim** ➤ **Alliteration.**

5. **Schüttelreim:** Doppelreim mit zwei Anfangslauten oder Lautgruppen, die den Platz tauschen.

> Den Menschen vieles gibt das Leben
> Doch nicht ein jeder liebt das Geben
> (Erich Mühsam)

Reimschema: Schematische Darstellung der ➤ Reimfolge innerhalb einer ➤ Strophe oder eines ➤ Gedichts. Man verwendet für jeden neuen ➤ Reim einen neuen kleinen Buchstaben. Die häufigsten Reimschemata sind:

1. **Paarreim:** Zwei unmittelbar aufeinander folgende ➤ Verse reimen sich. Reimschema: a a b b c c usw.

> Denk ich an Deutschland in der Nacht, a
> Dann bin ich um den Schlaf gebracht, a
> Ich kann nicht die Augen schließen, b
> Und meine heißen Tränen fließen b
> (Heinrich Heine, *Nachtgedanken*, 1844)

2. **Kreuzreim** (auch ›Wechselreim‹): ➤ Endreim, bei dem sich der erste mit dem dritten sowie der zweite mit dem vierten ➤ Vers usw. innerhalb einer ➤ Strophe reimen. Reimschema: a b a b.

> Und es leuchten Wald und Heide, a
> Daß man sicher glauben mag, b
> Hinter allem Winterleide a
> Lieg' ein ferner Frühlingstag. b
> (Theodor Storm, *Herbst*, 1852)

3. **Umarmender Reim** (auch ›umschließender Reim‹): Es reimt der erste mit dem vierten sowie der zweite mit dem dritten ➤ Vers innerhalb einer ➤ Strophe. Reimschema: a b b a.

> Du siehst, wohin du siehst, nur Eitelkeit auf Erden. a
> Was dieser heute baut, reißt jener morgen ein; b
> Wo itzund Städte stehn, wird morgen Wiese sein, b
> Auf der ein Schäferskind wird spielen mit den Herden a
> (Andreas Gryphius, *Es ist alles Eitel*, 1637)

4. **Haufenreim** (auch ›Reimhäufung‹): Wiederholung des gleichen ➤ Reims durch den Gleichklang vieler aufeinander folgender Versenden. Reimschema: a a a a (b b b b usw.).

> Augen, meine lieben Fensterlein, a
> Gebt mir schon so lange holden Schein, a
> Lasset freundlich Bild und Bild herein: a
> Einmal werdet ihr verdunkelt sein! a
> (Gottfried Keller, *Abendlied*, 1883)

5. **Schweifreim:** Form des ➤ Endreims innerhalb einer ➤ Strophe mit sechs ➤ Versen. Reimschema: a a b c c b.

Ich kann sie kaum erwarten a
Die erste Blum' im Garten, a
Die erste Blüt' am Baum. b
Sie grüßen meine Lieder, c
Und kommt der Winter wieder, c
Sing' ich noch jenen Traum. b
(Johann Wolfgang Goethe, *Der Musensohn*, 1799)

Reimstellung: Stellung des ➤Reims innerhalb des ➤Verses. Man unterscheidet:

1. **Anfangsreim:** Der ➤Reim entsteht am Beginn zweier oder mehrerer ➤Verse.

Krieg ist das Losungswort
Sieg! Und so klingt es fort.
(Johann Wolfgang Goethe, *Faust II*, 1808)

2. **Binnenreim:** ➤Reim zweier Wörter innerhalb derselben Verszeile.

Eine starke, schwarze Barke,
segelt trauervoll dahin.
Die vermummten und verstummten
Leichenhüter sitzen drin.
(Heinrich Heine, *Childe Harold*, 1844)

3. **Endreim:** Das Ende der Verszeilen reimt sich. Der E. ist die häufigste Reimfolge in ➤Gedichten.

> Wer reitet so spät durch Nacht und Wind?
> Es ist der Vater mit seinem Kind;
> Er hat den Knaben wohl in dem Arm,
> Er fasst ihn sicher, er hält ihn warm.
> (Johann Wolfgang Goethe, *Erlkönig*, 1782)

4. **Gebrochener Reim:** Sonderform des ➤Enjambements, bei der die Versgrenze innerhalb eines Reimwortes, meist eines zusammengesetzten Substantivs, liegt. Während die erste Hälfte des getrennten Wortes das Reimwort darstellt, bildet die zweite Hälfte den Anfang der nächsten Verszeile.

> Hans Sachs war ein Schu-
> macher und Poet dazu.
> (Hans Sachs)

Reiseliteratur: Sammelbezeichnung für Werke, die vom Reiseführer über wissenschaftliche Reisebeschreibungen bis hin zu fiktiven Reiserzählungen reichen. Von bedeutendem wissenschaftlichem Wert sind Reiseberichte des 18. und 19. Jh.s (Georg Forster; Alexander von Humboldt; Adelbert von Chamisso). Goethes *Italienische Reise* ragt unter der R. mit dichterischem Anspruch hervor.

> Georg Forster, *Reise um die Welt* (1777);
> Johann Wolfgang Goethe, *Italienische Reise* (1816/17);
> Heinrich Heine, *Reisebilder* (1826–31).

Renaissance (frz., ›Wiedergeburt‹): Kultur- und literaturgeschichtliche ➤Epoche (1470–1600), die den Übergang vom Mittelalter zur Neuzeit markiert und mit der Strömung des Humanismus in Verbindung steht. Wichtige historische Ereignisse sind die Eroberung Konstantinopels durch die Türken (1453) und die anschließende Flucht zahlreicher griechischer Gelehrter nach Italien, die Entdeckung Amerikas durch Kolumbus (1492) sowie der Beginn der Reformationsbewegung, die die Autorität der Kirche erschütterte (1517). Die Humanisten lehnten das mittelalterliche Bild des Menschen als abhängige Kreatur in der Gnade Gottes ab und propagierten stattdessen die Würde der entwickelten menschlichen Persönlichkeit als Vernunftwesen.

Kennzeichnend für die Literatur der R. ist der Rückgriff auf Vorbilder der griechischen und römischen Antike. Allerdings wurde ➤Dichtung hauptsächlich in lateinischer Sprache verfasst.

Johannes von Saaz, *Der Ackermann aus Böhmen* (um 1400);
Sebastian Brant, *Das Narrenschiff* (1494);
[Anonym], *Historia von D. Johann Fausten* (1587).

Reportage (frz.): Form der Berichterstattung für Printmedien oder Rundfunk. Als Augenzeugenbericht informiert die R. oft mit Hilfe aussagekräftiger Bilder, Hintergrundinformationen und Kommentaren über ein aktuelles Thema. Charakteristisch ist die Kombination von Authentischem, Objektivem und Dokumentarischem, wobei der subjektive Einfluss des Verfassers an der emotionalen Sprache deutlich werden kann. Die R. zielt darauf ab, den Leser am Ereignis teilhaben zu lassen und seine Meinungsbildung anzuregen.

Restauration (lat. *restauratio* ›Wiederherstellung‹): Allgemeine Bezeichnung für Aktivitäten mit dem Ziel einer Wiederherstellung früherer politischer und sozialer Verhältnisse, soweit sie durch eine Revolution überwunden waren. In der dt. Literaturgeschichte gilt das ➤ Biedermeier als restaurative literarische Strömung, da es im Gegensatz zum ➤ Vormärz eine idealisierende und konservative Orientierung hatte.

Retardierendes Moment (lat. *retardatio* ›Verzögerung‹): spannungssteigernde Handlungsverzögerung (meist im vorletzten ➤ Akt), die noch einmal eine andere Lösung für den letztlich ausweglosen dramatischen ➤ Konflikt möglich erscheinen lässt. Vgl. ➤ Freytag-Pyramide, ➤ Fünfakt-Schema, ➤ Dreiakt-Schema.

Rezension (lat. *recensio* ›Begutachtung‹): Meist von Spezialisten (Rezensenten) verfasste kritische Besprechung und Beurteilung künstlerischer Werke (Literatur, Filme, Aufführungen usw.). R. erscheinen in der Regel in Zeitungen oder in Fachzeitschriften.

Rezeption (lat. *receptio* ›Aufnahme‹): Die Art und Weise, wie ein künstlerisches Werk (insbesondere Literatur und Film) durch die Leser, Zuhörer oder Zuschauer (Rezipienten) aufgenommen wird. Die R. kann die literarische Produktion beeinflussen. Vgl. ➤ Einfluss.

Rhetorik (griech. *rhetorike techne* ›Redekunst‹): Theorie und Praxis der Redekunst. Die R. beschreibt Planung und Ausführung eines Vortrags in fünf Schritten: 1. *Inventio* (Sammlung des Stoffes und der Argumente), 2. *Dispositio* (Gliederung der Rede), 3. *Elocutio* (sprachliche und stilistische Ausgestaltung der Rede u. a. mit ➤ rhetorischen Figuren), 4. *Memoria* (Einprägen der Rede), 5. *Pronuntiatio* (Vortrag der Rede mit optimaler Betonung, Gestik und Mimik).

Rhetorische Figuren: Sprachliche Gestaltungsmittel, die auf die antike ➤ Rhetorik zurückgehen. Sie sind nicht ausschließlich an literarische Texte gebunden, ihre Verwendung weicht aber vom normalen Sprachgebrauch ab, um beim Leser eine bestimmte Wirkung zu erzielen. Deshalb spielen sie in der ➤ Analyse und ➤ Interpretation von Texten eine wichtige Rolle.

> ➤ Allegorie, ➤ Alliteration, ➤ Anapher, ➤ Antithese, ➤ Assonanz, ➤ Chiasmus, ➤ Ellipse, ➤ Euphemismus, ➤ Hyperbel, ➤ Klimax, ➤ Lautmalerei, ➤ Metapher, ➤ Metonymie, ➤ Oxymoron, ➤ Paradoxon, ➤ Parallelismus, ➤ Personifikation, ➤ Reim, ➤ rhetorische Frage, ➤ Symbol, ➤ Synästhesie, ➤ Synekdoche usw.

Rhetorische Frage: Scheinfrage, die keiner Antwort bedarf, weil der diesbezügliche Sachverhalt bekannt ist, jedoch gerade durch die Frage ins Bewusstsein gerufen werden soll. Die r. F. dient dazu, die hinter der Frage stehende Meinung des Fragenden zu bekräftigen.

> Ich dich ehren? Wofür?
>
> (Johann Wolfgang Goethe, *Prometheus*, 1785)

Rhythmus (griech. *rhythmos* ›gleichmäßige Bewegung‹): Akustische Gliederung des Sprachflusses beim Lesen oder Vortragen eines Textes (besonders bei ➤ Gedichten). Für den R. bestimmend sind Betonungen und Pausen, die der Bedeutung entsprechen, sowie ein Sprechtempo, das dem Inhalt angemessen ist. Oft gibt es eine Übereinstimmung zwischen R. und ➤Metrum.

> Hat der alte Hexenmeister,
> Sich doch einmal wegbegeben!
> Und nun sollen seine Geister
> Auch nach meinem Willen leben.
>
> (In V. 2 und 3 weicht der sinnbedingte Rhythmus vom trochäischen Metrum ab.)
>
> (Johann Wolfgang Goethe, *Der Zauberlehrling*, 1797)

Ringkomposition: Am Schluss eines lyrischen, dramatischen oder epischen Werkes wird der Anfang wörtlich oder variiert noch einmal aufgegriffen.

> Theodor Storm, *Die Nachtigall* (1855);
> Wolfgang Koeppen, *Tauben im Gras* (1951).

Rollengedicht: ➤Gedicht, in dem der ➤Dichter einer bestimmten ➤Figur Erlebnisse, Gefühle und Gedanken in den Mund legt. Der Gedichttitel weist häufig schon auf die Rolle hin.

> Johann Wolfgang Goethe, *Prometheus* (1774);
> Clemens Brentano, *Der Spinnerin Nachtlied* (1818).

Roman: Wichtigste und verbreitetste ➤ Gattung unter den ➤ epischen Großformen in ➤ Prosa. Der R. ist eine umfangreiche Prosaerzählung, die sich durch eine mehrsträngige, vielschichtige ➤ Handlung (stetige Entwicklung von ➤ innerer und ➤ äußerer Handlung) und eine Vielzahl von ➤ Figuren auszeichnet. In der Regel umfasst ein R. eine längere Zeitspanne, in der die Geschichte oder das Schicksal eines Individuums oder einer Menschengruppe dargestellt wird. Die Gattung R. lässt sich aufgrund der geringen Formstrenge, der unterschiedlichen Zielsetzungen, Stilarten, ➤ Stoffe und Erzählstrukturen nur ansatzweise klassifizieren.

Romantik: Literaturgeschichtlicher Epochenbegriff für die Zeit zwischen etwa 1795 bis 1840. In Deutschland entwickelt sich diese literarische Bewegung parallel zur ➤ Klassik, zum Teil zeitgleich zu ➤ Biedermeier und ➤ Vormärz. Sie wird häufig in Frühromantik, Hochromantik und Spätromantik unterteilt. Ihre Zentren waren die Städte Jena, Heidelberg und Berlin.

Das wichtigste historische Ereignis, das gleichsam die R. einleitete, war die Französische Revolution (1789). Charakteristisch für die R. ist die Kritik der Aufklärungsbewegung durch die Aufwertung der Phantasie, die irrationale und archaische Wunsch- und Triebstrukturen einschließt. Die innere Natur des Menschen, die von Sehnsucht, Traum und Wunsch stark geprägt ist, gehört zum romantischen Programm.

Die Literatur der R. zeichnet sich durch die Freisetzung der Phantasie aus, die in der ➤ Aufklärung durch einen allzu eng gefassten Rationalitätsbegriff und in der Klassik durch das erhabene Persönlichkeitsideal gehemmt wurde. Die ➤ Dichter der R. werten die Volkspoesie auf und wenden sich insbesondere Volksliedern, ➤ Märchen und ➤ Sagen des Mittelalters zu, was teilweise zur Vermischung der ➤ Gattungen führt. In die

Auflösung wird auch die Grenze zwischen Poesie und Leben an sich einbezogen: Das Ziel ist eine Poetisierung der Welt (»Universalpoesie«). Sie gilt den Romantikern aber als ein nie abschließbarer Prozess. Die für die R. typische ➤Form des ➤Fragments ist eine formale Entsprechung dieses Gedankens. Vgl. auch ➤Metalepse. Zur Erweiterung der künstlerischen Ausdrucksweise greifen die Dichter der R. auch auf das Mittel der ➤romantischen Ironie zurück. Wichtige ➤Motive der ➤Literatur der R. sind: Mond, Traum, Nacht, Sterne, Sehnsucht, Geheimnis, Liebe und Schmerz. ➤Schwarze Romantik.

Ludwig Tieck, *Der blonde Eckbert* (1797);
Joseph von Eichendorff, *Aus dem Leben eines Taugenichts* (1826);
E. T. A. Hoffmann, *Der Sandmann* (1816), *Das Fräulein von Scuderi* (1819), *Lebens-Ansichten des Katers Murr* (1819/21).

Es schienen so golden die Sterne,
Am Fenster ich einsam stand
Und hörte aus weiter Ferne
Ein Posthorn im stillen Land.
Das Herz mir im Leib entbrennte;
Da hab ich mir heimlich gedacht:
Ach, wer da mitreisen könnte
In der prächtigen Sommernacht!

(Joseph von Eichendorff, *Sehnsucht*, 1834)

Romantische Ironie: Ästhetisches Verfahren der ➤Romantik, das darauf abzielt, die vom ➤Dichter geschaffene Illusion einer Phantasiewelt im künstlerischen Werk selbst wieder zu durchbrechen und zu zerstören. Durch ein solches geistreiches Spiel der Phantasie werden Normen und Grenzen zwischen realer und fiktiver Welt aufgelöst. Die r.I. bietet dem ➤Dichter Schutz vor der übersteigerten Phantasie in der eigenen ➤Dichtung.

> Dichter hinter der Szene: Ei was! lasst mich zufrieden – wohin soll ich mich retten? – Er stürzt außer sich auf das Theater. Was fang ich an, ich Elendester? – das Stück ist sogleich zu Ende – alles wäre vielleicht gut gegangen – ich hatte nun gerade von dieser moralischen Szene so vielen Beifall erwartet. – Wenn es nur nicht so weit von hier – nach dem Palast des Königs wäre – so holt ich den Besänftiger – er hat mir schon am Schluss des zweiten Aktes – alle Fabeln vom Orpheus glaublich gemacht. – Doch, bin ich nicht Tor? – Ich bin ja völlig konfuse; – auf dem Theater steh ich – und der Besänftiger muss irgendwo – zwischen den Kulissen stecken. – Ich will ihn suchen – ich muss ihn finden – er soll mich retten! – Er geht ab, kommt schnell zurück. Dort ist er nicht. – Herr Besänftiger! – Ein hohles Echo spottet meiner. […] O weh, er hat mich verlassen. – Ha!! – dort seh ich ihn – er muss hervor!
>
> (Ludwig Tieck, *Der gestiefelte Kater*, 1797)

Romanze: Kurze Verserzählung span. Herkunft, die sich durch eine einfache, volksliedhafte Darstellung des Geschehens auszeichnet. Die R. war in der dt. Dichtung des 18. und 19. Jh.s weit verbreitet. Sie hat Ähnlichkeiten mit der ➤Ballade und der ➤Moritat.

Mancher tugendhafte Bürger
Duftet schlecht auf Erden, während
Fürstenknechte mit Lavendel
Oder Ambra parfümiert sind.

Jungfräuliche Seelen gibt es,
Die nach grüner Seife riechen,
Und das Laster hat zuweilen
Sich mit Rosenöl gewaschen.

(Heinrich Heine, *Atta Troll*, 1843)

Rückblende (auch ›Analepse‹): Häufig in der ➤ Literatur und im Film verwendete ➤ Erzähltechnik, die sich durch eine Unterbrechung des kontinuierlichen Erzählflusses und einen Wechsel der Zeitebenen beim Erzählen auszeichnet. Dabei werden Ereignisse, die in der Vergangenheit liegen, im Bewusstsein einer handelnden ➤ Figur oder durch den ➤ Erzähler vergegenwärtigt. ➤ Anachronie.

Der Alte sah mich mit verständnisvollem Lächeln an: »Nun also!«, sagte er. »In der Mitte des vorigen Jahrhunderts [...] gab es hier einen Deichgrafen [...].«

(Theodor Storm, *Der Schimmelreiter*, 1888)

S

Sage: Ursprünglich mündlich tradierte kurze Erzählung, die phantastische, teils wunderbare Begebenheiten zum Gegenstand hat. S. beziehen sich im Kern auf historische Ereignisse, Personen und Naturerscheinungen, doch sie können auch Hexen, Geister, Riesen und Zwerge auftreten lassen. Im Unterschied zum ➤Märchen knüpfen S. an wirkliche Orte an, womit ein gewisser Wahrheitsanspruch impliziert wird. Man unterscheidet Göttersagen (z. B. um den Göttervater Zeus), Heldensagen (z. B. die Abenteuer des Odysseus oder die Nibelungensage) und Heimatsagen (z. B. über den Rattenfänger von Hameln).

Satire: Keine spezielle literarische ➤ Gattung, sondern ein verzerrendes Darstellungsverfahren, das in allen Gattungen vorkommen kann. Ziel der S. ist es, gesellschaftliche Missstände oder normwidrige Verhaltensweisen zu entlarven. Die S. bedient sich verschiedener sprachlicher Mittel, durch die der Leser kritische Distanz zum Dargestellten gewinnt: ➤ Ironie, Über- oder Untertreibung, Mehrdeutigkeit, Komik. Die S. ist sowohl mit der ➤ Karikatur als auch mit der ➤ Parodie verwandt.

> Ein Spätherbstmorgen, feucht und grau,
> Im Schlamme keuchte der Wagen;
> Doch trotz des schlechten Wetters und Wegs
> Durchströmte mich süßes Behagen.
>
> Das ist ja meine Heimatluft!
> Die glühende Wange empfand es!
> Und dieser Landstraßenkot, er ist
> Der Dreck meines Vaterlandes!
>
> (Heinrich Heine, *Deutschland. Ein Wintermärchen*, 1844)

Schauspiel: Allgemeine Bezeichnung für alle ➤ Gattungen des ➤ Dramas. Im engeren Sinne ist ein S. jedoch eine ➤ Gattung, die sich von ➤ Tragödie und ➤ Komödie, aber auch von der ➤ Tragikomödie unterscheidet. Das S. zeichnet sich dadurch aus, dass es auf eine ➤ Katastrophe verzichtet, obwohl es tragisch angelegt ist.

> Gotthold Ephraim Lessing, *Nathan der Weise* (1779);
> Friedrich Schiller, *Wilhelm Tell* (1804);
> Johann Wolfgang Goethe, *Iphigenie auf Tauris* (1787).

Schwank: Meist lustige ➤ Erzählung oder scherzhaftes Theaterstück. Kennzeichnend ist die ins Komische gewendete Darstellung des Geschehens. Häufig behandelt der S. Themen aus der Volksdichtung, wobei Normen des bürgerlichen Alltags aufs Korn genommen werden. Der S. hat eine einfach strukturierte, auf eine ➤ Pointe zulaufende ➤ Handlung und greift meist auf Kontraste, Übertreibungen und Typisierungen der ➤ Figuren als Mittel der Darstellung zurück.

> Erich Kästner, *Schildbürgerstreiche* (1954).

Schwarze Romantik: Besondere Strömung der ➤ Romantik, in der die ›Nachtseite der menschlichen Natur‹ im Mittelpunkt steht. Wichtige Themen sind: Ängste, Träume, Wahnvorstellungen, Todessehnsucht, Doppelgängermotive usw. E. T. A. Hoffmann gilt als wichtigster Vertreter der s. R.

Sekundärliteratur (von lat. *secundus* ›zweiter‹): Wissenschaftliche Darstellungen und Untersuchungen zu einem literarischen Werk, aber auch Sachtexte über einen ➤ Dichter, eine literarische ➤ Epoche oder eine ➤ Gattung. Ggs. ➤ Primärliteratur.

Sekundenstil: Künstlerisches Hauptmerkmal des ➤ Naturalismus. Der S. strebt eine exakte Abbildung und Wiedergabe der Realität durch die Deckungsgleichheit von ➤ erzählter Zeit und ➤ Erzählzeit an.

> Der Zug wurde sichtbar – er kam näher – in unzählbar sich überhastenden Stößen fauchte der Dampf aus dem schwarzen Maschinenschlote. Da: ein-zwei-drei milchweiße Dampfstrahlen quollen kerzengerade empor, und gleich darauf brachte die Luft den Pfiff der Maschine getragen. Dreimal hintereinander, kurz, grell, beängstigend. Sie bremsen, dachte Thiel, warum nur? Und wieder gellten die Notpfiffe schreiend, den Widerhall weckend, diesmal in langer, ununterbrochener Reihe.
>
> (Gerhart Hauptmann, *Bahnwärter Thiel*, 1888)

Senkung: Bezeichnung für eine unbetonte Silbe in einem ➤ Vers. Jeder Vers weist eine Abfolge von ➤ Hebungen und S. auf, wodurch der ➤ Rhythmus bestimmt wird. Ggs. ➤ Hebung.

Sestine: 1. Strophenform mit sechs Versen und einem festen Reimschema, z. B. a a b b c c oder a b a b c c. 2. Gedichtform mit sechs sechszeiligen Strophen und einem Schluss aus drei Versen; mit einem komplexen Reimschema, das sich über das gesamte Gedicht erstreckt (kein Reim innerhalb einer Strophe).

> Wenn durch die Lüfte wirbelnd treibt der Schnee,
> Und lauten Fußtritts durch die Flur der Frost
> Einhergeht auf der Spiegelbahn von Eis;
> Dann ist es schön, geschirmt vorm Wintersturm,
> Und unvertrieben von der Holden Glut
> Des eignen Herds, zu sitzen still daheim.
>
> (Friedrich Rückert, *Sestine*)

Simultantechnik (lat. *simul* ›zugleich‹): Literarisches Verfahren, mit dem das Nebeneinander von gleichzeitig ablaufenden Ereignissen dargestellt wird. Die moderne epische Literatur bedient sich dazu der ➤Montage oder der ➤Collage, um die Mehrschichtigkeit und Komplexität menschlicher Lebenswirklichkeit zu veranschaulichen.

> Alfred Döblin, *Berlin Alexanderplatz* (1929);
> Wolfgang Koeppen, *Tauben im Gras* (1951).

Sinnbild ➤ **Symbol.**

Sinngedicht ➤ **Epigramm.**

Situationskomödie: ➤Lustspiel, dessen ➤Komik dadurch entsteht, dass normale ➤Figuren durch eine merkwürdige Verkettung von Umständen in eine komische Situation geraten. Nur die Zuschauer sind in die von langer Hand geplante Situation eingeweiht.

Sonett (ital. *sonetto* ›kleiner Ton‹): Streng geregelte Gedichtform, die sehr häufig im ➤Barock verwendet wurde. Das S. besteht aus 14 Versen, die in zwei ➤ Quartette (zwei vierzeilige Strophen) und zwei ➤ Terzette (zwei dreizeilige Strophen) gegliedert sind. Für die Quartette gilt die verbindliche Reimfolge a b b a / a b b a. In den Terzetten dagegen variiert das Reimschema z.B. c c d / e e d; c d c / d e d; c d e / c d e). Das Versmaß ist ein 6-hebiger Jambus mit einer ➤ Zäsur nach der dritten Hebung (➤ Alexandriner). Die innere Struktur des S. ist die Antithetik, welche häufig einen Kontrast zum Ausdruck bringt.

Andreas Gryphius, *Es ist alles Eitel* (1637).

Song (engl., ›Lied‹): Liedgattung, die sich häufig mit aktuellen politischen Themen befasst. Der S. hat meist einen zeitkritischen Inhalt und kann belehrend oder provozierend sein. Er ist ein wichtiges Mittel des ➤ epischen Theaters. Vgl. ➤ Verfremdungseffekt.

Arbeitslos – das ist das Wahre
Arbeitslos – das ist das Leben
frei sein! high sein!
Einfach mal sich hinzugeben
an den Mai.

(Wolf Biermann, *Arbeitslos – Schöner Mai in Duisburg*, 1981)

Soziales Drama: Form der sozial engagierten Dramatik des 19. und 20. Jh.s. Das s. D. setzt sich mit gesellschaftlichen Veränderungen und Missständen kritisch auseinander, die aus der industriellen Revolution hervorgegangen sind: Arbeitslosigkeit, Massenarmut, Ausbeutung des Proletariats etc. Die sozialen Unterschiede zeigen sich oft auch an der Sprache der ➤ Figuren.

Georg Büchner, *Woyzeck* (1836/37);
Gerhart Hauptmann, *Die Weber* (1892);
Bertolt Brecht, *Der gute Mensch von Sezuan* (1943).

Spiel im Spiel (auch ›Bühne auf der Bühne‹): Aufführung eines Bühnenspektakels als Teil der Handlung eines Bühnenstückes. Das S. i. S. ist mit der Technik der ➤ Rahmenerzählung vergleichbar.

Andreas Gryphius, *Absurda Comica oder Herr Peter Squentz* (1657);
Ludwig Tieck, *Der gestiefelte Kater* (1797);
Bertolt Brecht, *Der kaukasische Kreidekreis* (1944).

Sprachkrise: Um 1900 entstehende Skepsis gegenüber der Leistungsfähigkeit der Sprache als Erkenntniswerkzeug und Medium der Kommunikation. Sprache sei nicht mehr in der Lage, die Realität angemessen darzustellen (Nietzsche), die Willkürlichkeit sprachlicher Zeichen versperre den Zugang zu ihr (Hofmannsthal).

Friedrich Nietzsche, *Über Wahrheit und Lüge im außermoralischen Sinne* (1873);
Hugo von Hofmannsthal, *Der Brief des Lord Chandos* (1902).

Sprechakt: Ein S. liegt vor, wenn mit einer sprachlichen Aussage eine bestimmte Handlung intendiert ist, z. B. mit einer Drohung, Bitte oder Aufforderung (auf ein Gegenüber bezogen), mit einem Versprechen oder Schwur (auf sich selbst bezogen). Die Aussage kann auch selbst eine Handlung sein, etwa bei einer Rücktrittserklärung oder einer Segnung. Der S. kann auch indirekt erfolgen, indem Gesagtes und Gemeintes auseinandertreten (»Mir ist kalt« kann bedeuten: »Mach das Fenster zu!«). S. sind häufig Bestandteil des ➤ Dialogs im ➤ Drama.

Stanze (ital. *stanza* ›Zimmer‹): ➤ Strophe aus zumeist acht fünfhebigen Jamben mit streng abwechselnd männlichem und weiblichem Versschluss. ➤ Reimschema: a b / a b / a b / c c.

Ihr naht euch wieder, schwankende Gestalten!	a
Die früh sich einst dem trüben Blick gezeigt.	b
Versuch ich wohl euch diesmal fest zu halten?	a
Fühl ich mein Herz noch jenem Wahn geneigt?	b
Ihr drängt euch zu! nun gut, so mögt ihr walten,	a
Wie ihr aus Dunst und Nebel um mich steigt;	b
Mein Busen fühlt sich jugendlich erschüttert	c
Vom Zauberhauch, der euren Zug umwittert.	c

(Johann Wolfgang Goethe, *Faust I*, 1808)

Ständeklausel: Zentrale Norm der aristotelischen Dramentheorie. Sie besagt, dass Figuren des Adels der ➤ Tragödie, die des Bürgertums hingegen der ➤ Komödie zugeordnet werden sollten (vgl. ➤ Fallhöhe). Die S. wurde erst mit der Einführung des ➤ bürgerlichen Trauerspiels im 18. Jh. überwunden.

Steigende Handlung: Handlungsabschnitt, der im Aufbauschema des klassischen ➤ Dramas auf die ➤ Exposition folgt und das Geschehen in einer ›steigenden‹ Spannungslinie zum ➤ Höhepunkt im dritten ➤ Akt führt. Ggs. ➤ Fallende Handlung. Vgl. ➤ Freytag-Pyramide, ➤ Dreiaktschema, ➤ Fünfaktschema.

Stichomythie (griech. *stichos* ›Zeile‹, *mythos* ›Rede, Erzählung‹): Rede und Gegenrede zweier ➤ Figuren in einem ➤ Drama wechseln sich von ➤ Vers zu Vers in einer Dialogszene ab. Die S. dient häufig der dramatischen Steigerung.

> IPHIGENIE: Dies ist allein der Priest'rin überlassen.
> ARKAS: Solch seltnen Fall soll auch der König wissen.
> IPHIGENIE: Sein Rat wie sein Befehl verändert nichts.
> ARKAS: Oft wird der Mächtige zum Schein gefragt.
> IPHIGENIE: Erdringe nicht, was ich versagen sollte.
> ARKAS: Versage nicht, was gut und nützlich ist.
> IPHIGENIE: Ich gebe nach, wenn du nicht säumen willst.
>
> (Johann Wolfgang Goethe, *Iphigenie auf Tauris*, 1787)

Stil (lat. *stilus* ›Griffel, Schreibweise‹): Die besondere Eigenart der künstlerischen Ausdrucks- und Darstellungsweise, die für ein bestimmtes literarisches Werk, einen ➤ Autor oder eine literarische ➤ Epoche prägend ist. Der S. beruht auf einheitlich verwendeten und untereinander harmonierenden sprachlichen Gestaltungsmitteln. Ein Stilbruch liegt dann vor, wenn eine Abweichung von der einheitlichen Ausdrucks- und Gestaltungsweise bewusst vorgenommen wird, um eine bestimmte rhetorische Wirkung zu erzielen.

Stilmittel: Alle sprachlichen Ausdrucksmittel, mit denen der ➤ Autor eine bestimmte ➤ Wirkung im Text erzielen will: ➤ rhetorische Figuren, ➤ Tropen, ➤ Wortwahl, ➤ Reimformen usw.

Stoff: Historische Gegebenheiten, Mythen und andere überlieferte Kulturgüter, die außerhalb der literarischen Ausformung existieren und als ›Rohmaterial‹ von jedem ➤ Dichter individuell bearbeitet werden können. Der S. setzt sich aus ➤ Motiven zusammen und begründet oft eine lange und reiche literarische Tradition. Vgl. ➤ Quelle.

> Das Schicksal der schottischen Königin Maria Stuart (Bearbeitungen: Adrian de Rouler, *Stuarta Tragoedia*, 1593; Friedrich Schiller, *Maria Stuart*, 1800).
> Der Antigone-Stoff: zahlreiche Bearbeitungen von Sophokles bis Bertolt Brecht und Jean Anouilh.

Stream of consciousness ➤ **Bewusstseinsstrom.**

Strophe (griech., ›Wendung‹): Jeder Gedichtabschnitt, der sich aus mehreren ➤ Versen zusammensetzt und durch einen Abstand von anderen Gedichtabschnitten abgesetzt ist. Die meisten Gedichte sind in S. gegliedert. Oft entspricht jede S. einem inhaltlichen Abschnitt. S. werden durch ➤ Reim und ➤ Metrum zusammengehalten.

> Ich weiß nicht, was soll es bedeuten, 1. Strophe
> Daß ich so traurig bin;
> Ein Märchen aus alten Zeiten,
> Das kommt mir nicht aus dem Sinn.
>
> Die Luft ist kühl und es dunkelt, 2. Strophe
> Und ruhig fließt der Rhein;
> Der Gipfel des Berges funkelt
> Im Abendsonnenschein.
>
> (Heinrich Heine, *Ich weiß nicht, was soll es bedeuten*, 1844)

Struktur (lat. *structura* ›Gefüge‹): Zusammenfügung von äußerer und innerer Komposition zu einem Ganzen. Jedes literarische Werk basiert auf einer S., d. h. auf einem Plan, in dem formale und inhaltliche Aspekte miteinander in Beziehung treten. Besonders für ein umfassendes Verständnis von ➤ Dramen, die in der Regel auf ein Ende hin komponiert sind, ist die Strukturanalyse sehr wichtig.

Sturm und Drang (auch ›Geniezeit‹): Eine nach dem Schauspiel *Sturm und Drang* (1777) von Friedrich Maximilian Klinger benannte geistig-literarische Strömung im letzten Drittel des 18. Jh.s (um 1767–1789). Entgegen einer verbreiteten Annahme ist der S. u. D. keine Gegenbewegung zur ➤ Aufklärung, sondern eine Protestbewegung junger ➤ Dichter, die einige Ideen und Forderungen der ➤ Aufklärung und der ➤ Empfindsamkeit weiterentwickelten und zum Teil radikalisierten, um zwischen Vernunft und Gefühl zu vermitteln.

Die ➤ Literatur des S. u. D. zeichnet sich durch eine massive Kritik an herrschenden politischen und sozialen Zuständen aus. Zentrales Thema ist der Konflikt zwischen dem Naturmenschen und der bestehenden gesellschaftlichen Ordnung. Dieser findet seinen Niederschlag in neuen dichterischen Haltungen und Formen und einer neuen Sprache, die sich von der tradierten Regelpoetik absetzen. Programmatische Leitfigur ist der Rebell (vgl. Goethes *Prometheus*). Zu den zentralen Forderungen des literarischen Programms des S. u. D. zählen Natürlichkeit, Originalität, Kreativität und Genialität.

Johann Gottfried Herder, *Volkslieder* (1778/79);
Johann Wolfgang Goethe, *Götz von Berlichingen* (1773);
Friedrich Schiller, *Die Räuber* (1781), *Kabale und Liebe* (1784);
Jakob Michael Reinhold Lenz, *Der Hofmeister* (1774).

Wer bist du, Fürst, daß ohne Scheu
Zerrollen mich dein Wagenrad,
Zerschlagen darf dein Roß?

Wer bist du, Fürst, daß in mein Fleisch
Dein Freund, dein Jagdhund, ungebleut
Darf Klau und Rachen haun?

Wer bist du, daß durch Saat und Forst,
Das Hurra deiner Jagd mich treibt,
Entatmet wie das Wild? –

[…]

Ha! Du wärst Obrigkeit von Gott?
Gott spendet Segen aus; du raubst!
Du nicht von Gott, Tyrann!

(Gottfried August Bürger, *Der Bauer. An seinen Durchlauchtigen Tyrannen*, 1773)

Symbol (griech. *symbolon* ›Wahrzeichen, Merkmal‹): Zeichen, das etwas nicht unmittelbar Wahrnehmbares veranschaulicht und eine tiefere Bedeutung besitzt. Wichtige Ausprägungsform der sprachlichen Bildlichkeit neben der ➤ Allegorie und der ➤ Metapher.

Das Kreuz ist Symbol für die christliche Religion, die Rose symbolisiert die Liebe und die Taube den Frieden. In Gottfried Kellers Novelle *Romeo und Julia auf dem Dorfe* (1856) ist der mit Steinen zugeschüttete Acker Symbol für den zerstörerischen Streit zwischen den Bauern Manz und Sali.

Symbolismus: Eine gegen den ➤ Realismus und ➤ Naturalismus gerichtete Strömung des ➤ Fin de Siècle. Grundlegend dabei ist die Auffassung, dass die Kunst Autonomie und damit Eigenwert besitzt (*l'art pour l'art*). Der naturalistischen Tendenz zur Abbildung der Realität stellt der S. eine selbstreflexive ➤ Literatur gegenüber, deren Aufgabe es ist, die reine Ästhetik, die Schönheit der künstlerischen Sprache darzustellen. Stefan George ist einer der einflussreichsten Vertreter des deutschen S. Vgl. ➤ Absolute Dichtung.

Synästhesie (griech. *synaisthesis* ›gleichzeitige Wahrnehmung‹): Vermischung verschiedener Sinnesbereiche. Die S. wurde häufig in der ➤ Lyrik der ➤ Romantik gebraucht, um die Sprachkonventionen aufzuheben und zu neuen Darstellungsmöglichkeiten zu gelangen.

Hör, es klagt die Flöte wieder,
und die kühlen Brunnen rauschen.
Golden wehn die Töne nieder,
Stille, stille, laß uns lauschen!

Holdes Bitten, mild Verlangen,
wie es süß zum Herzen spricht!
Durch die Nacht, die mich umfangen,
blickt zu mir der Töne Licht.

(Clemens Brentano, *Abendständchen*, 1802)

> Sehe mit <u>fühlendem Aug'</u>, fühle mit <u>sehender Hand</u>.
> (Johann Wolfgang Goethe, *Römische Elegien*, 1795)

Synekdoche (griech., ›Mitverstehen‹): Ersetzung eines Ausdrucks oder eines Begriffs durch einen anderen, der entweder eine Verallgemeinerung oder eine Konkretisierung des Gemeinten ist. Vgl. ➤ Pars pro toto.

> Edel sei der Mensch (gemeint sind alle Menschen)
> (Johann Wolfgang Goethe, *Das Göttliche*, 1785)

Synthetische Erzählung: Bezeichnung für ein in seiner chronologischen Reihenfolge erzähltes Geschehen, d.h. ohne ➤ Anachronien. Ggs. ➤ analytische Erzählung.

Szene: Kurze und abgeschlossene Gliederungseinheit eines Dramenaktes, die durch das Auf- und Abtreten der ➤ Figuren begrenzt ist.

Szenische Darstellung (auch ›showing‹): Detaillierte epische Erzählweise mit Entfaltung der Situation und ➤ Figurenrede ohne jede kommentierende Einmischung des ➤ Erzählers. Ggs. ➤ epischer Bericht.

> »Glaub ich nicht«, sagte Hertha, während sie den Stachelbeeren fleißig zusprach.
> »Ich auch nicht«, bestätigte Effi. »Denkt doch mal nach, ich falle jeden Tag wenigstens zwei-, dreimal, und noch ist mir nichts gebrochen. Was ein richtiges Bein ist, das bricht

nicht so leicht, meines gewiss nicht und deines auch nicht, Hertha. Was meinst du, Hulda?«

»Man soll sein Schicksal nicht versuchen; Hochmut kommt vor dem Fall.«

»Immer Gouvernante; du bist doch die geborene alte Jungfer.«

»Und hoffe mich doch noch zu verheiraten. Und vielleicht eher als du.«

(Theodor Fontane, *Effi Briest*, 1894/95)

T

Tagebuch: Chronologisch angeordnete Aufzeichnungen persönlicher Erlebnisse oder Gedanken. Das T. ist meist in der Ich-Form (➤Ich-Erzähler) geschrieben. Es dient dazu, Erlebnisse und Reflexionen festzuhalten und kann dem Autor zur Analyse der eigenen Situation dienen. Das T. kommt als biographische oder als fingierte Darstellung (z. B. Tagebuchroman) vor. Berühmt geworden ist das Tagebuch der Anne Frank (1946).

Takt (lat. *tactus* ›Berührung‹): Festes rhythmisches Schema, nach dem im ➤Vers betonte (➤Hebung) und unbetonte (➤Senkung) Silben regelmäßig aufeinander folgen. Beginnt ein ➤Vers mit einer oder mehreren unbetonten Silben, spricht man von ➤Auftakt.

Tautologie (griech. *tauto* ›dasselbe‹, *logos* ›Rede‹): Häufung gleichbedeutender Wörter. Vgl. ➤Pleonasmus; ➤Hendiadyoin.

> Einzig und allein; Immer und ewig; voll und ganz; Hilfe und Beistand.

Teichoskopie (auch ›Mauerschau‹; griech. *teichos* ›Mauer‹, *skopein* ›blicken‹): Mit dem ➤Botenbericht verwandtes dramatisches Darstellungsmittel, um eine nicht sichtbare ➤Handlung zu vermitteln. Von einem erhöhten Standpunkt aus (einer Mauer, einem Turm oder einem Berg) wird ein parallel stattfindendes Ereignis, das nicht auf der Bühne dargestellt werden kann (z. B. eine Seeschlacht, ein Schiffsunglück), den Zuschauern synchron durch eine als Augenzeuge berichtende ➤Figur beschrieben.

Telegrammstil: Konzentration eines Textes auf die zum Verständnis unbedingt notwendigen Wörter. Der T. kommt häufig im ➤ Drama des ➤ Sturm und Drang und des ➤ Expressionismus vor und lässt den Text unruhig und hektisch wirken.

> Georg Kaiser, *Gas I* (1918).

Terzett: Dreizeilige ➤ Strophe. Zwei Terzette bilden im Anschluss an zwei ➤ Quartette die Gedichtform des ➤ Sonetts.

Terzine: Strophe bzw. Strophenfolge, die aus jeweils drei Versen mit jambischem Fünfheber besteht. Reimschema: a b a (b c b usw.). Eines der frühesten und zugleich bedeutendsten Beispiele ist Dantes *Göttliche Komödie*, die vollständig in T. verfasst ist.

> Noch spür ich ihren Atem auf den Wangen:
> Wie kann das sein, daß diese nahen Tage
> Fort sind, für immer fort, und ganz vergangen?
> (Hugo von Hofmannsthal, *Terzinen über Vergänglichkeit*, 1922)

Textsignal: Besondere Textstellen, in denen konstituierende inhaltliche oder formale Elemente in auffälliger Weise auftreten und damit die Aufmerksamkeit des Lesers auf sich lenken (z. B. Redeweise einer ➤ Figur, ➤ Wortwahl, ➤ Wiederholungen, Parallelen usw.). Ein wichtiges T. ist die Antizipation oder ➤ Vorausdeutung.

Thema ➤ Problem.

Topos (griech., ›Ort‹): Inhaltliches ➤ Motiv, das in der literarischen Tradition werkübergreifend fortlebt. Auch feste Klischees oder literarische Formeln können einen T. bilden.

Der T. vom ›Staatsschiff‹, vom Scheideweg oder vom Leben als Reise.

Tragikomödie: Mischgattung zwischen ➤ Tragödie und ➤ Komödie. In der T. werden tragische und grotesk-komische Elemente mit dem Ziel einer sich gegenseitig verstärkenden Wirkung miteinander verschmolzen.

Gerhart Hauptmann, *Die Ratten* (1911);
Friedrich Dürrenmatt, *Der Besuch der alten Dame* (1956).

Tragische Ironie: Bezeichnung für den Wissensvorsprung des Zuschauers gegenüber handelnden ➤ Figuren vor allem in der ➤ Tragödie. Die t. I. trägt zur Steigerung der tragischen Wirkung bei, insbesondere dann, wenn der Zuschauer bereits die nahende ➤ Katastrophe genau wahrnimmt, während der ahnungslose ➤ Held sich noch in Sicherheit glaubt.

Tragödie (griech. tragodia ›Bocksgesang als Opferlied‹): ➤ Drama, bei dem der ➤ Protagonist in einen dramatischen ➤ Konflikt gerät und am Ende tragisch scheitert (was oft mit seinem Untergang einhergeht). Ggs. ➤ Komödie.

Friedrich Schiller, *Maria Stuart* (1800);

Johann Wolfgang Goethe, *Faust I* (1808), *Faust II* (1832).

Unterschiede zwischen Tragödie und Komödie (in Anlehnung an Aristoteles):

	Tragödie (Trauerspiel)	Komödie (Lustspiel)
Stoff	Ereignisse aus Mythos und Geschichte	Erfundene Geschichten aus dem bürgerlichen Alltag
Figuren	Hohe Standespersonen mit edlem Charakter	Lustige Figuren und Typen aus dem einfachen Volk
Handlungsverlauf	Umschlag von Glück in Unglück mit tragischem Ausgang	Glücklicher und versöhnlicher Ausgang
Sprache	Feierliche Redeweise	Alltagssprache

(Nach: Hans Gerd Rötzer, *Literarische Texte verstehen und interpretieren*, Bd. 5: *Dramen*, München 1996, S. 223)

Trauerspiel ➤ Tragödie.

Travestie (ital. *travestire* ›verkleiden‹): Polemisch-satirische Nachahmung eines bekannten künstlerischen Werkes. Während der Inhalt unangetastet bleibt, werden Sprache und Form so verändert, dass sie zum Inhalt nicht mehr passen und deshalb einen komischen Effekt hervorrufen.

Trilogie (griech. *treis* ›drei‹, *logos* ›Rede‹): Dreiteiliges literarisches Werk, dessen Einzelteile zwar stofflich oder thematisch verbunden sind, aber auch als Einzelwerke gelesen werden können.

> Günter Grass, *Danziger Trilogie* (bestehend aus *Die Blechtrommel*, 1959; *Katz und Maus*, 1961; und *Hundejahre*, 1963).

Trivialliteratur (auch ›Unterhaltungsliteratur‹): Häufig abschätzige Bezeichnung von literarischen Werken aus verschiedenen ➤ Gattungen, die zum Zweck der Unterhaltung einfach und für jedermann verständlich geschrieben sind. Die T. greift alltägliche Themen ohne besondere gedankliche Vertiefung auf, kann aber durchaus auch ästhetische Qualitäten aufweisen. Da die Übergänge zur sogenannten gehobenen ➤ Literatur oft fließend sind, bleibt der Begriff T. umstritten.

> Fortsetzungsromane, Groschenromane usw.

Trochäus (griech. *trochaios* ›laufend‹): Zweisilbiger ➤ Versfuß, der aus einer betonten und einer unbetonten Silbe besteht. Der T. wirkt gemäßigt, manchmal auch schwer. Schema: — ◡. Vgl. ➤ Jambus.

> Fest gemauert in der Erden
> — ◡ — ◡ — ◡ — ◡
> (Friedrich Schiller, *Das Lied von der Glocke*, 1800)

Tropen (griech. *tropos* ›Wendung‹): Sprachliche Ausdrucksmittel des uneigentlichen Sprechens, oft der bildlichen Rede. Es handelt sich um Wörter oder Wendungen, die in einem übertragenen Sinn gebraucht werden und der Veranschaulichung dienen oder in anderer Weise wesentlich zur Aussageabsicht beitragen. T. sind u.a. ➤Hyperbel, ➤Litotes, ➤Periphrase, ➤Metapher, ➤Metonymie, ➤Synekdoche.

Trümmerliteratur: Sammelbezeichnung für die unmittelbar nach dem Zweiten Weltkrieg in Deutschland entstandene ➤Literatur, als Deutschland in Schutt und Asche (d.h. in Trümmern) lag. Viele ➤Autoren versuchten einen Neuansatz, bei dem die Erfahrung der Diktatur und der Alltag der in Ruinen lebenden Menschen häufig thematisiert wurden. Kennzeichnend für die T. ist die schmucklose und realistische Behandlung von Krieg, Zerstörung und Heimkehr.

> Wolfgang Borchert, *Draußen vor der Tür* (1947);
> Heinrich Böll, *Das Brot der frühen Jahre* (1955);
> Hans Bender, *Heimkehr* (1954).

Typus (griech. *typos* ›prägender Schlag‹): Oft ➤Nebenfiguren, die stellvertretend für eine bestimmte Alters- oder Berufsgruppe auftreten oder einfach eine bestimmte Funktion erfüllen. Der T. ist entweder äußerlich (Kleidung, Auftreten) oder durch die ihm zugewiesene Rolle in einer ➤Handlung leicht erkennbar. Vgl. ➤Figuren der ➤Commedia dell'arte.

> Der Wirt, eine Dame in Trauer, ein Feldjäger (Gotthold Ephraim Lessing, *Minna von Barnhelm*);
> Der Doktor, der Hauptmann, der Tambourmajor (Georg Büchner, *Woyzeck*);
> Der Lehrer, der Bürgermeister (Friedrich Dürrenmatt, *Der Besuch der alten Dame*).

U

Unzuverlässiger Erzähler: Von einem u. E. spricht man, wenn Unstimmigkeiten oder Widersprüche im narrativen Sinnzusammenhang auftreten. So ist beispielsweise in E. T. A. Hoffmanns Erzählung *Der Sandmann* (1816) nicht klar, ob der Advokat Coppelius und der Wetterglashändler Coppola ein und dieselbe Person sind. Die Unzuverlässigkeit ist vom Autor intendiert. Der Leser ist aufgefordert, Vorsicht gegenüber Tatsachenbehauptungen und Wertungen des Erzählers walten zu lassen und über den Grund bzw. das Ziel des unzuverlässigen Erzählens nachzudenken.

Uraufführung: Die erste öffentliche Aufführung eines bisher noch nie aufgeführten dramatischen, filmischen oder musikalischen Werkes in der Originalsprache. Von Erstaufführung spricht man dann, wenn das Werk nach der U. an anderen Orten (dann oft in übersetzter Form) gezeigt wird.

Utopie (griech. *ou* ›nicht‹, *topos* ›Ort‹): Allgemeine Bezeichnung für literarische Werke, in denen die ➤Handlung in einer imaginierten Gesellschaft spielt. Wichtige Merkmale sind die räumliche und zeitliche Ferne oder Unbestimmtheit. Häufige Erscheinungsform der U. ist der utopische ➤Roman in Form eines fiktiven Reiseberichts. Durch die Vorführung eines in der Fiktion bereits verwirklichten Idealzustandes zielt die U. oft darauf ab, die herrschenden Verhältnisse indirekt zu kritisieren.

Platon, *Politeia* (um 374 v. Chr.);
Thomas Morus, *Utopia* (1516);
Daniel Defoe, *Robinson Crusoe* (1719);
Jonathan Swift, *Gullivers Reisen* (1726);
Johann Gottfried Schnabel, *Die Insel Felsenburg* (1731–43).

V

V-Effekt ➤ Verfremdungseffekt.

Verbalstil: Überdurchschnittlicher Gebrauch von Verben in einem literarischen Text oder Sachtext. Der V. macht den ➤ Stil flüssig und erleichtert grundsätzlich das Textverständnis. Ggs. ➤ Nominalstil.

Verfremdungseffekt (oft als ›V-Effekt‹ abgekürzt): Künstlerische Technik aus dem ➤ epischen Theater nach Bertolt Brecht. Ziel ist es, eine Identifikation der Zuschauer mit den Personen auf der Bühne zu verhindern. Zu den Mitteln des V. gehören: ➤ offene Form, lose Reihung von einzelnen ➤ Szenen oder ➤ Bildern, direkter Wortwechsel zwischen Schauspielern und Zuschauern, sowie die Unterbrechung der ➤ Handlung durch Kommentare, Lichteffekte, Spruchbänder und ➤ Songs.

Vergleich: Verknüpfung zweier Sinnbereiche durch die Behauptung einer Gemeinsamkeit (Analogie). Der V. wird mit Hilfe der Vergleichspartikeln ›so‹, ›wie‹, ›als‹, ›als ob‹ usw. explizit formuliert und dient der Veranschaulichung oder Verdeutlichung. Vgl. ➤ Metapher.

> Nacht ist wie ein stilles Meer
>
> (Joseph von Eichendorff, *Die Nachtblume*, 1831)

> Es war, als hätt der Himmel
> Die Erde still geküßt
>
> (Joseph von Eichendorff, *Mondnacht*, 1837)

Vers (lat., ›Umwendung‹): Bezeichnung für die Textzeile eines Gedichts.

Versdrama: ➤Drama, das in betont metrisch gebundener Sprache verfasst ist. Das V. zielt u. a. auf eine Intensivierung und Poetisierung der Sprache ab.

> Gotthold Ephraim Lessing, *Nathan der Weise* (1779); Heinrich von Kleist, *Der zerbrochne Krug* (1808).

Versfuß ➤ Metrum.

Versmaß ➤ Metrum.

Verspaarkette: Durch Paarreime gebundene Folge von Verspaaren. Reimschema: a a b b c c.

Visuelle Dichtung ➤ Konkrete Poesie.

Volksballade: Balladen, die im Unterschied zu schriftlich verfassten Kunstballaden zunächst mündlich überliefert wurden. Ihr Urheber bleibt unbekannt. Sie können deshalb in verschiedenen Varianten auftreten (vgl. ➤Bänkelsang und ➤Volkslied). V. haben einen einfachen Satz- und Strophenbau.

Volksbuch: Spätmittelalterliche Prosafassungen von mündlich umlaufenden Stofftraditionen (z. B. Faust, Till Eulenspiegel). Das V. erfreute sich vor allem in der ➤Romantik äußerster Beliebtheit. Die Romantiker sahen darin den Ausdruck der Volksseele.

> Das V. vom Doktor Faust ist eine der ➤ Quellen für Goethes *Faust*.

Volkslied: Populäres ➤ Lied, dessen Urheber unbekannt ist. Charakteristisch für das V. ist meist ein in Form und Inhalt schlichter Text, der gereimt und strophisch gegliedert ist. Er wird zu einer einfachen Melodie gesungen. Zur anonymen Verbreitung im Volksmund tritt die Annahme hinzu, dass das V. volkstümliche Inhalte transportiert. Deshalb war das V. schon im ➤ Sturm und Drang, insbesondere jedoch in der ➤ Romantik mit ihrer Theorie der dichtenden Volksseele äußerst populär.

> Ich hört ein Sichlein rauschen,
> Wohl rauschen durch das Korn,
> Ich hört ein Mägdlein klagen,
> Sie hätt ihr Lieb verlorn.
>
> (Achim von Arnim / Clemens Brentano, *Des Knaben Wunderhorn,* 1805)

Volksliedstrophe: Häufig in der ➤ Romantik verwendete vierzeilige Gedichtstrophe aus regelmäßigen, drei- oder vierhebigen ➤ Versen und mit einfachem ➤ Kreuzreim.

> Am Brunnen vor dem Tore
> Da steht ein Lindenbaum:
> Ich träumt in seinem Schatten
> So manchen süßen Traum.
>
> (Wilhelm Müller, *Der Lindenbaum*, 1823)

Volksstück: In den 20er Jahren des 20. Jh.s beliebte Form des ➤ Dramas. Kennzeichnend ist die Schilderung von klischeehaften ➤ Konflikten, die sich vorzugsweise im familiären oder privaten Kreis abspielen. Die sozialkritische Absicht des V. zeigt sich beim Gebrauch der einfachen Sprache (oft auch Dialekt) und in der vorgeführten Denkweise niederer sozialer Gruppen. An ihrem Schicksal werden negative politische und gesellschaftliche Zustände sichtbar gemacht.

Carl Zuckmayer, *Der fröhliche Weinberg* (1925);
Ödön von Horváth, *Geschichten aus dem Wiener Wald* (1931).

Vorausdeutung (auch ›Antizipation‹, ›Prolepse‹): Erzähltechnik, mit der spätere Ereignisse der ➤ Handlung eines epischen oder dramatischen Werkes vorgreifend erwähnt werden. Die V. trägt dazu bei, Spannung aufzubauen und das Interesse des Lesers zu wecken. Man unterscheidet zukunftsgewisse Vorausdeutungen durch den ➤ auktorialen Erzähler und zukunftsungewisse Vorausdeutungen durch Handlungsfiguren, die ihr zukünftiges Glück imaginieren, wodurch die Tragik des Geschehens betont wird. Vgl. ➤ Anspielung.

[…] die Welt würde sein Andenken haben segnen müssen, wenn er in einer Tugend nicht ausgeschweift hätte. Das Rechtgefühl aber machte ihn zum Räuber und Mörder.
(Heinrich von Kleist, *Michael Kohlhaas*, 1810)

In Falun in Schweden küsste vor guten fünfzig Jahren und mehr ein junger Bergmann seine junge hübsche Braut und sagte zu ihr: »Auf Sankt Luciä wird uns unsere Liebe von des Priesters Hand gesegnet. Dann sind wir Mann und Weib und bauen uns ein eigenes Nestlein.«
(Johann Peter Hebel, *Unverhofftes Wiedersehen*, 1811)

Vormärz (auch ›Junges Deutschland‹): Literarische Bewegung in den Jahren vor der bürgerlichen Revolution von 1848. Der V. umfasst die Zeit von 1830 bis 1848. Angestoßen wurde die politisch-engagierte Bewegung des V. durch die Julirevolution von 1830 in Frankreich und ihre Ausrichtung auf den politischen Kampf: »Friede den Hütten! Krieg den Palästen!«, so lautete Georg Büchners Aufruf im *Hessischen Landboten* (1834).

Die ➤Literatur des V. grenzt sich vom idealistischen Weltbild der ➤Klassik und der ➤Romantik radikal ab. Sie hat eine betont politische Aussage und zeichnet sich durch das engagierte Streben nach politischer Meinungsfreiheit und sozialer Befreiung aus. Großen Einfluss übten jene Schriftsteller aus, deren Schriften 1835 in Preußen und Österreich verboten wurden und die deshalb ins Exil gehen mussten.

Heinrich Heine, *Buch der Lieder* (1827), *Deutschland. Ein Wintermärchen* (1844);
Ludwig Börne, *Briefe aus Paris* (1832–34);
Georg Büchner, *Der Hessische Landbote* (1834), *Dantons Tod* (1835), *Woyzeck* (1836/37).

Reißt die Kreuze aus der Erden!
Alle sollen Schwerter werden,
Gott im Himmel wird's verzeihn.
Lasst, o lasst das Verseschweißen!
Auf den Amboss legt das Eisen!
Heiland soll das Eisen sein.

(Georg Herwegh, *Aufruf*, 1841)

Ein Fluch dem König, dem König der Reichen,
Den unser Elend nicht konnte erweichen,
Der den letzten Groschen von uns erpresst
Und uns wie Hunde erschießen lässt –
Wir weben, wir weben!

(Heinrich Heine, *Die schlesischen Weber*, 1844)

Vorspiel: Eröffnungsszene eines ➤ Dramas. Das V. zeichnet sich durch eine enge thematische Verknüpfung mit der Haupthandlung aus. Die Funktion des V. besteht darin, den Zuschauer/Leser auf den Inhalt des Stückes einzustimmen und ihm durch wichtige Hinweise das Verständnis zu erleichtern. In der Regel enthält das V. die Vorgeschichte der dramatischen ➤ Handlung, eine Charakterisierung des Milieus (z. B. Bertolt Brecht, *Die Dreigroschenoper*, 1928) oder die Bedingungen der Haupthandlung (z. B. Johann Wolfgang Goethe, *Faust I*, 1808). Vgl. ➤ Prolog.

W

Waise: Bezeichnung für einen ➤Vers, der sich in gereimter Umgebung auf keinen anderen reimt. Aufgrund der isolierten bzw. »verwaisten« Stellung wird der W. eine besondere Bedeutung beigemessen.

Veilchen träumen schon,	a
Wollen balde kommen.	b
– Horch, von fern ein leiser Harfenton!	a
– Frühling, ja du bist's!	x (Waise)
Dich hab ich vernommen!	b

(Eduard Mörike, *Er ist's*, 1832)

Wendepunkt ➤ Peripetie.

Wiederholung: Mehrfacher wortgleicher Gebrauch eines Begriffs oder eines Satzes. Die W. wirkt emotionalisierend und dient oft der Eindringlichkeit. Vgl. ➤ Anadiplose, ➤ Epanalepse, ➤ Anapher, ➤ Epipher.

> […] – Verachtet
> Mein Volk so sehr Ihr wollt. Wir haben beide
> Uns unser Volk nicht auserlesen. Sind
> Wir unser Volk? Was heißt denn Volk?
>
> (Gotthold Ephraim Lessing, *Nathan der Weise*, 1779)

> Ein guter Mord, ein echter Mord, ein schöner Mord
>
> (Georg Büchner, *Woyzeck*, 1836/37)

Wirkung: Der Begriff wird dreifach verwendet: 1. Einfluss einzelner Textgestaltungsmittel auf die Wahrnehmung des Textes durch den Leser. 2. Zusammenwirken von Inhalt, ➤ Form und Sprache in einem Text. 3. Aufnahme eines literarischen Werkes beim zeitgenössischen Publikum und sein Fortwirken in späteren Zeiten (vgl. ➤ Rezeption).

Wortfiguren ➤ Rhetorische Figuren.

Worthäufung ➤ Wiederholung.

Wortwahl: Die vom ➤ Autor in bestimmter Hinsicht mit Bedacht verwendeten Wörter in einem Text. Die W. kann sich durch poetische Qualitäten (z. B. Metaphern- und Bilderreichtum), durch einen bestimmten Bedeutungsbereich (z. B. Alltag, Technik, Politik), eine bestimmte Sprachebene (z. B. gehobene Sprache, Umgangssprache, Jugendsprache) oder den Gebrauch bestimmter Wortarten (z. B. Substantive: ➤ Nominalstil, Verben: ➤ Verbalstil) auszeichnen.

Z

Zäsur (lat. *caesura* ›Schnitt‹): Syntaktischer oder metrischer Einschnitt in einer Verszeile. Die Z. kann bes. bei längeren ➤ Versen auch mitten im ➤ Versfuß vorkommen, so z. B. beim ➤ Alexandriner und ➤ Hexameter. Eine deutliche Z. liegt nach der dritten ➤ Hebung vor.

> Wir sind doch nunmehr ganz, // ja mehr denn ganz verheeret!
> Der frechen Völker Schar, // die rasende Posaun
> Das vom Blut fette Schwert, // die donnernde Kartaun
> Hat allen Schweiß und Fleiß // und Vorrat aufgezehret.
> (Andreas Gryphius, *Tränen des Vaterlandes*, 1663)

Zeilensprung ➤ **Enjambement.**

Zeilenstil: Übereinstimmung von Versende und Satzende in einem Gedicht. Die metrische Einheit und die syntaktische Sinneinheit decken sich; der ➤ Vers schließt mit einer Pause. Ggs. ➤ Hakenstil.

> Er spielt mit seiner Flinte,
> Die funkelt im Sonnenrot,
> Er präsentiert und schultert –
> Ich wollt, er schösse mich tot.
> (Heinrich Heine, *Mein Herz, mein Herz ist traurig*, 1844)

Zeitdeckung: Die ➤ erzählte Zeit und die ➤ Erzählzeit sind annähernd deckungsgleich. Die Z. kommt bei szenischen Darstellungen, beim ➤ inneren Monolog oder in der ➤ erlebten Rede vor.

Zeitdehnung: Die ➤ Erzählzeit ist länger als die ➤ erzählte Zeit: Sehr detaillierte, weitschweifende Schilderung eines Vorgangs, durch die eine Verlangsamung der ➤ Handlung erzielt wird.

Zeitgerüst: Das Z. gibt Aufschluss über die zeitlichen Strukturen eines erzählenden Textes, indem es ➤ erzählte Zeit ➤ und Erzählzeit (mit den Effekten ➤ Zeitdeckung, ➤ Zeitdehnung oder ➤ Zeitraffung) zueinander in Beziehung setzt und unterschiedliche Zeitebenen, die bei ➤ Rückblenden und ➤ Vorausdeutungen entstehen, herausstellt. Vgl. ➤ Zeitstruktur.

Zeitpunkt des Erzählens: Zeitpunkt der Äußerungen des Erzählers im Verhältnis zum Zeitpunkt des Erzählten. Abhängig von dem zeitlichen Abstand zwischen dem Erzählen und dem Erzählten unterscheidet man zwischen früherem, gleichzeitigem und späterem Erzählen. Allerdings können sich diese idealtypischen Zeitverhältnisse auch so vermischen, dass sich die Zeitabstände zwischen Erzählen und Erzähltem nicht mehr klar bestimmen lassen.

Zeitraffung: Die ➤ Erzählzeit ist kürzer als die ➤ erzählte Zeit: Zeitverkürzendes Erzählen durch Überspringen größerer Zeiträume (›Zeitsprung‹). Oft kommen Formeln wie »einige Monate später« oder »einige Jahre danach« vor.

> Eine schöne lange Zeit war verflossen, achtundzwanzig Jahre, fast die Hälfte eines Menschenlebens; der Gutsherr war sehr alt und grau geworden, sein gutmütiger Gehülfe Kapp längst begraben.
>
> (Annette von Droste-Hülshoff, *Die Judenbuche*, 1842)

Zeitroman: Längerer Erzähltext, der sich durch eine umfassende Darstellung des politischen, geistigen, kulturellen und gesellschaftlichen Panoramas einer gesamten ➤ Epoche auszeichnet.

> Thomas Mann, *Der Zauberberg* (1924);
> Robert Musil, *Der Mann ohne Eigenschaften* (1930/32).

Zeitstruktur: Zeitlicher Aufbau der ➤ Handlung erzählender ➤ Literatur. Man unterscheidet zwischen einer linearen (chronologischer Ablauf), einer unterbrochenen (durch ➤ Rückblenden und ➤ Vorausdeutungen) und einer simultanen Zeitstruktur (zeitlich paralleler Ablauf verschiedener Handlungsstränge). Vgl. ➤ Zeitgerüst.

Zensur (lat. *censura* ›strenge Überprüfung durch einen Amtsträger‹): Überwachung und strenge Kontrolle der Medieninhalte (Literatur, Radio, Fernsehen, Internet, Zeitungen etc.) durch den Staat oder die Kirche. Bes. in der Diktatur wird die Z. eingesetzt, wenn die herrschende politische oder religiöse Ideologie in Frage gestellt wird. Die Z. bedeutet immer eine Einschränkung oder gar Aufhebung der Meinungsfreiheit, so z. B. zur Zeit des Nationalsozialismus.

Zeugma (griech., ›durch ein Joch Zusammengefügtes‹): Satzkonstruktion, bei der mehrere Nomina oder Satzglieder mit einem Verb verbunden sind, das aber semantisch nicht oder nur eingeschränkt zu allen passt.

> Er warf die Zigarette fort und einen Blick in die Zeitung.

Zieldrama (auch ›Entfaltungsdrama‹): ➤ Drama, bei dem die ➤ Handlung auf die am Ende verlegte Lösung des ➤ Konflikts ausgerichtet ist. Bei der ➤ Tragödie ist dieses Ziel die ➤ Katastrophe, bei der ➤ Komödie erfolgt eine glückliche Auflösung des ➤ Konfliktes. Ggs. ➤ Analytisches Drama.

> Gotthold Ephraim Lessing, *Emilia Galotti* (1772); Friedrich Schiller, *Kabale und Liebe* (1784), *Maria Stuart* (1800).

Zitat: Wörtliche Übernahme und Wiedergabe von mündlichen oder schriftlichen Äußerungen eines anderen. Das Z. dient der Erläuterung oder Bestätigung eigener Gedanken und wird im Schriftsatz durch Anführungszeichen oder Kursive kenntlich gemacht.

Zyklus (griech. *kyklos* ›Kreis‹): Formale oder thematische, gelegentlich auch publikationstechnisch bedingte Zusammengehörigkeit von epischen, dramatischen oder lyrischen Werken, die gleichwohl als Einzelteile eine gewisse Eigenständigkeit bewahren. Vgl. ➤ Trilogie.

> Johann Wolfgang Goethe, *Römische Elegien* (1795); Gottfried Keller, *Die Leute von Seldwyla* (1856–75); Rainer Maria Rilke, *Sonette an Orpheus* (1923).

Literaturhinweise

Literaturlexika

Meid, Volker: Sachwörterbuch zur deutschen Literatur. Durchges. und verb. Ausg. Stuttgart 2001.

Wilpert, Gero von: Sachwörterbuch der Literatur. Stuttgart [8]2001.

Literaturgeschichten und Interpretationshilfen

Beutin, Wolfgang [u. a.] (Hrsg.): Deutsche Literaturgeschichte. Von den Anfängen bis zur Gegenwart. Stuttgart [8]2013.

Rötzer, Hans Gerd: Literarische Texte verstehen und interpretieren. Bd. 5: Dramen. München 1996.

Rothmann, Kurt: Kleine Geschichte der deutschen Literatur. 20., durchges. und erw. Aufl. Stuttgart 2014.

Vers & Metrik

Kayser, Wolfgang: Kleine deutsche Versschule. Stuttgart [27]2002.

Moennighoff, Burkhard: Metrik. Stuttgart 2004.

Rhetorik

Lausberg, Heinrich: Elemente der literarischen Rhetorik. München [10]2000.

– Handbuch der literarischen Rhetorik. Eine Grundlegung der Literaturwissenschaft. Stuttgart [4]2008.

Zum Autor

YOMB MAY studierte Germanistik und Geschichte an den Universitäten Aachen und Düsseldorf. Er ist z. Z. außerplanmäßiger Professor für Neuere deutsche Literaturwissenschaft an der Universität Bayreuth. Lehrtätigkeiten an den Hochschulen Köln und Worms sowie an der LMU München. Von ihm liegen zahlreiche literaturwissenschaftliche und didaktische Publikationen vor, darunter im Reclam Verlag: *Kompaktwissen XL. Abiturwissen Deutsch*; *Kompaktwissen XL. Epochen der deutschsprachigen Literatur*; *Kompaktwissen. Wissenschaftliches Arbeiten. Eine Anleitung zu Techniken und Schriftform.*